全国高等院校航空服务与管理专业"十三五"规划教材

机场地勤实务

主　编　王晓莹

中国商业出版社

图书在版编目(CIP)数据

机场地勤实务 / 王晓莹主编. —北京：中国商业出版社，2018.5
　ISBN 978-7-5044-8929-6

Ⅰ.①机… Ⅱ.①王… Ⅲ.①民用航空-机场-业务 Ⅳ.①F560.81

中国版本图书馆 CIP 数据核字(2015)第 065043 号

责任编辑：蔡凯

中国商业出版社出版发行
010-63180647　www.c-cbook.com
(北京广安门内报国寺 1 号　邮编：100053)
新华书店经销
北京世嘉印刷有限公司印刷
*　*　*　*　*
787×1092 毫米　16 开　10.75 印张　200 千字
2018 年 5 月第 2 版　2018 年 5 月第 1 次印刷

定价:35.00 元
*　*　*　*
(如有印装质量问题可更换)

前 言

民航业是我国经济社会发展重要的战略产业,对国民经济具有重要作用,民航业肩负着促进经济发展的神圣国家使命。随着民航业的飞速发展,行业对民航工作人员的职业素质提出了更高的要求。同时,机场地勤服务作为航空服务的重要组成部分,在整个运输服务过程中起着至关重要的作用,地勤工作人员需要熟知候机楼旅客服务岗位的一般工作流程和技能要求,并具备诚实、守信、善于沟通、富有爱心、责任心以及团队合作的品质,并树立安全和服务意识。

本书的总体设计思路是打破传统知识体系,按照工作过程设计学习过程,围绕职业能力的形成组织内容,让读者通过完成具体项目来构建相关理论知识,并发展职业能力。本书内容的确定以《国家职业技能标准:民航客运员》和行业专家对候机楼旅客服务工作岗位职业能力分析结果为依据,知识内容的选取紧紧围绕完成工作任务的需要循序递进,包括机场地勤实务认知、值机服务、订座实务、行李运输服务、引导服务、旅客联检与安检服务、特殊旅客服务和不正常运输服务。

本书由成都职业技术学院航空服务专业主任王晓莹老师担任主编;由香港理工大学酒店与旅游管理学院 Markus Schuckert 博士、成都礼仪职业学校贺文宁老师担任副主编。具体编写分工如下:王晓莹老师和 Markus Schuckert 博士编写项目一、项目三、项目五、项目六、项目七和项目八;贺文宁老师编写项目四;成都礼仪职业学校贾娇和陈楠老师编写项目二,。最后由王晓莹完成统稿。编写过程中受到航空服务教材建设委员会领导高度重视,同时也得到了上海交通大学出版社、兄弟院校以及相关专业教师的大力支持,整个编写过程得到了四川环宇包机公司客票销售总经理唐复学先生的鼎力相助,在此一并感谢!

本书既可以作为航空服务专业教材,也可以作为对民航服务行业感兴趣的人士参考阅读。由于作者学识水品有限,对专业理解尚浅,恳请广大读者和专业人士予以批评指正。

编者

2018 年 5 月

目　录

项目一　机场地勤实务认知 …………………………………………（1）

项目二　候机楼通用服务 ……………………………………………（19）

项目三　旅客订座与客票销售 ………………………………………（49）

项目四　引导服务 ……………………………………………………（81）

项目五　值机实务 ……………………………………………………（96）

项目六　旅客联检与安检服务 ………………………………………（114）

项目七　特殊旅客服务 ………………………………………………（126）

项目八　行李服务 ……………………………………………………（145）

项目九　不正常运输服务 ……………………………………………（156）

✷ 项目一　机场地勤实务认知

学习目的

1. 了解民用机场的发展历史
2. 熟悉机场的布局与功能

案例引入

中国未来 5 年将新建 45 座机场

中国民航业将在"十二五"期间总共投资超过 1.5 万亿元人民币，其中新建机场 45 个，新增飞机 1900 多架。"十二五"期间投资额相对"十一五"1 万亿元的投入，增幅将达到 50%。预计到"十二五"期末，旅客运输量将达到 4.5 亿人；运输机场的数量将达到 220 个以上（现有 175 个）；机队规模将由现在的 2600 多架上升为 4500 架以上，特别是通用航空飞机数量会有较大增加。中国民航业"十一五"期间上缴利税是"十五"期间上缴利税的 5 倍。其中 2010 年，民航业实现利润总额 437 亿元，其中航空公司实现利润总额 351 亿元，占全球航空公司利润总额的 60%。

注：本案例的素材取自《参考消息》2011 年 2 月 26 日电子版，http://www.unjs.com/cankaoxiaoxi/Cankaoxiaoxibao/guoneicankao/20110226074836_37972.html，编者整理得出。

案例启示：

以上案例充分显示出近年来随着航空运输经济的增长和中国民航体制改革的逐步深入，中国民航业迎来了前所未有的快速发展时期。机场作为航空运输发展的基础设施，对工作人员的要求也日益精细化、国际化。

知识准备

一、什么是机场地勤工作

机场地勤为自有航空运输服务以及各大航空站（机场）建设营运以来，出现在各级民用、军用航空站的一项重要附加服务，和航空站的运作息息相关且不可或缺，所有的民用、商用、及军用飞行器都需要地勤的服务，从飞机进入停机坪的那一刻起，到离开停机坪进入滑行道为止，停泊期间的所有后勤服务（给油、给水、旅客下机登机、行李搬运、飞机餐点装载、机身清洁、废弃物处理等）皆为机场地勤人员的工作职掌范围。

地勤人员主要由机场与航空公司两部分人员组成。包括应有职务如：秘书、会计、IT、人事、行政、总务、美工、企划等部门外，另有航空管理部门、旅客业务部门、航空货运部门等等，都属于地勤人员。

在航空公司地面工作的人员，具体有值机（国际值机和国内值机）、安检、VIP客服、调配、售票、协助登机等岗位。把乘客的机票换成登机牌的岗位叫值机。安全检查包括查验登机牌、身份证、检查安全物品等。调配主要是指挥飞机降落、运行车辆停靠位置等。VIP客服是指各大航空公司设在机场为会员服务的服务人员。

工作内容，国内航线勤务工作内容是在机场柜台办理旅客报到、检查证件、行李过磅、座位分配及出票（即为旅客更换登机牌），在候机室内引导旅客通关候机、登机并做广播服务，提醒旅客登机及贵宾服务工作或广播寻找已到未登机的旅客，另外勤务人员还须与空中厨房联系餐点、失物寻查、旅客申诉。地勤人员是航空公司对旅客的第一线员工，需有良好的服务态度和耐心。

二、机场的历史

（一）世界民航机场发展的历史

飞行员的机场：飞机最初出现的时候，尚无机场的概念，当时只要能找到一块平坦的土地或草地，能承受小型的飞机重量，就可以让飞机在上面起降了。具体到哪一个是世界上最早的机场，目前仍有争议，但成立于1909年，位于美国马里兰州的大学园区机场普遍被认为是世界上最老且持续经营的机场，虽然它只是个小型机场。

另一个被称为"世界上历史最悠久的机场"是位于美国亚利桑纳州的比斯比－道格拉斯国际机场，此机场停放着美国历史上第一架飞机。1908年，道格拉斯航空俱乐部成立。这时的飞机主要是滑翔机，由两匹马拉动，可以飞过道格拉斯青年会大楼后方。

图 1-1　　　　　　　　　　　　　图 1-2

飞机的机场：1919年以后，欧洲开始建立最初的民用航线。随着航空运输的发展，机场大量建设起来，特别是在1920—1939年之间，欧美国家的航线大量开通，同时为了和殖民地联系，殖民国家和殖民地之间开通了跨洲的国际航线，如英国开通了到印度和南非的航线，荷兰开通了由阿姆斯特丹到雅加达的航线。机场在全世界各地大量出现，这时的机场主要是为飞机服务。

图 1-3　1927年的洛杉矶飞行服务俱乐部（Flying Service Club）

社会的机场：20世纪60年代末，随着大型喷气运输飞机的投入使用，飞机日益成为大众化的交通工具，航空运输成为地方经济发展的一个不可缺少的组织部分。民用机场成为城市发展水平的一个重要标志。跑道、滑行道和停机坪都要加固或延长，候机楼、停车场、进出机场的道路、飞机噪声对居民的干扰，使得机场的建设成为一个系统工程，都纳入城市发展的总体规划中。

图1-4 德国慕尼黑国际机场

图1-5 北京首都国际机场

(二)我国民航机场发展的历史

1. 改革开放之前的机场发展概况

新中国成立以前,我国拥有(含港、台)民用航空运输机场36个,除两航使用的民航机场(基地或航空站)外,大多为军民合用机场;除上海龙华、广州白云、南京大校场等机场可起降DC-4型运输机外,一般只适应起降DC-2、DC-3型等中小型运输机。

从新中国成立后到改革开放前,陆续新建、改扩建了天津、首都、虹桥、广州、武汉南湖、太原武宿、兰州中川、合肥骆岗、哈尔滨阎家岗等一批民用机场。1978年,运输机场的数量增加到78个,但除北京首都、上海虹桥、广州白云、天津张贵庄等部分直辖市、省会机场可起降波音、麦道等大中型喷气飞机外,大多数机场规模较小。

2. 1979-1985年

改革开放以后,中国民航事业迎来了快速发展的新时期,民用机场建设进入一个高峰期。从1979年到1985年,为适应民航陆续引进的一批较先进的喷气飞机的运行需要,先后新建了厦门高崎、北海福成、温州永强、南通兴东等机场,扩建大连周水子、汕头外砂等机场,并对成都双流、海口大英山、桂林奇峰岭、福州义序等机场进行了改造和扩建。1984年,历时10年的首都机场第一次扩建工程结束,北京首都机场成为我国第一个拥有两条跑道的民用机场。在这一时期,机场建设在投资、设计、施工技术等方面进行了大胆的尝试。

3. 1986-1990年("七五")

"七五"期间,我国陆续引进了大型中、远程宽体式喷气飞机,这进一步促使我国的民用机场在建设标准、规模以及安全保障等各方面不断提高。同时,随着国家经济发展,各地方政府修建机场的积极性更为高涨。这期间,重点建设了洛阳北郊、西宁曹家堡、沈阳桃仙、长沙黄花、宁波栎社、重庆江北、西安咸阳、深圳宝安、三亚凤凰等机场,改扩建了南京大校场、常州奔牛、成都双流等机场。这一时期机场建设的特点是中央及地方政府投资不断增大,军民合用机场建设相互支持和协调加强,重视项目前期工作,基本建设程序的执行更为规范,机场建设项目中,航站区比重增大,对项目经济效益及技术分析更为重视,施工开始采用总承包和招标方式,机场安全和保安设施不断得以完善。

4. 1991-2000年("八五"、"九五")

"八五"和"九五"期间是民航机场建设发展的高峰时期。其中,"八五"期间民航基本建设投资122亿元,技术改造投资61亿元。"九五"期间民航基本建设投资增至680亿元,技术改造投资达 126 亿元。在此期间，机场的建成从根本上改变了我国民用机场基础设施较为落后的局面，满足了我国航空运输发展的需要，促进了各地经济的发展。

5. 2000－2008 年（"十五"至今）

进入 21 世纪后，我国经济发展进入又好又快的发展轨道，国民经济持续高速增长，航空运输需求旺盛，同时为了适应举办第 29 届奥运会的需要，机场建设进入了新一轮高潮期。中央和地方政府继续加大了对机场建设的投入，并逐步拓宽了机场建设融资渠道。在该段时期内，以北京首都机场、上海浦东机场、广州白云机场为代表的，包括天津滨海机场、呼和浩特白塔机场、武汉天河机场等一批大、中型机场的扩建工程相继完成并投入使用。这一时期，支线机场的建设向中、西部地区倾斜，新建了一批支线机场，对完善全国机场布局，支持中西部经济发展，起到了很大的作用。①

三、机场总体认知

（一）机场的分类

国际民航组织将机场（航空港）定义为：供航空器起飞、降落和地面活动而划定的一块地域或水域，包括域内的各种建筑物和设备装置。机场可分为军用机场和民用机场，民用机场主要分为运输机场和通用航空机场。

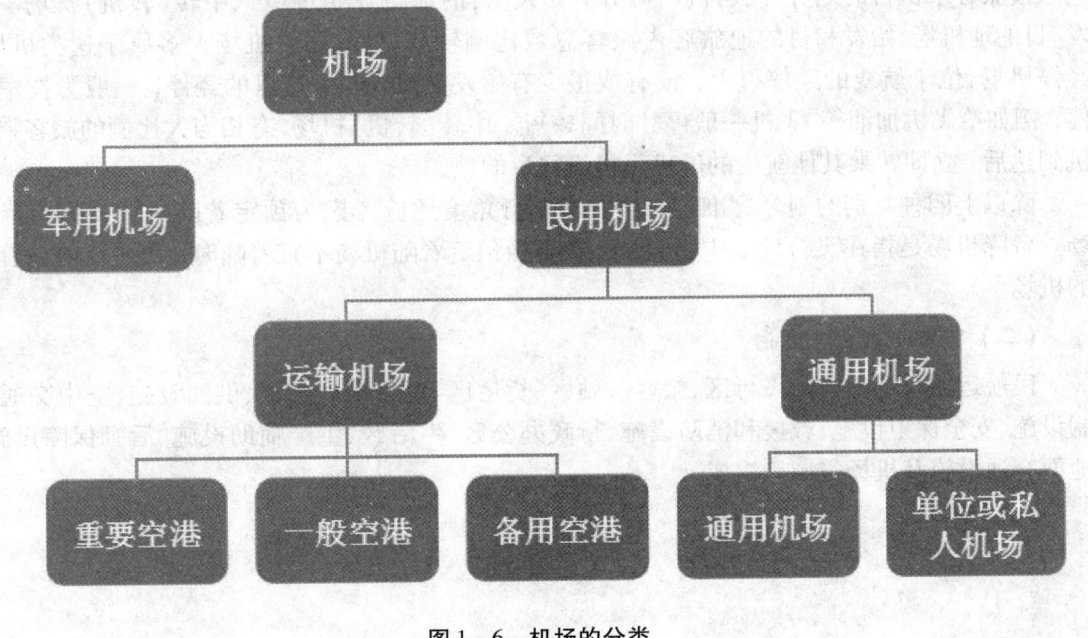

图 1-6　机场的分类

按航线业务划分：民用机场可分为国际机场、国内机场和地区机场。国际机场是指国际航

---

① 资料来源：中国民航局《中国民用机场建设发展历程》，www.caac.gov.cn

线出入境并设有海关、边防检查(移民检查)、卫生检疫、动植物检疫和商品检验等联检机构。国内机场是供飞国内航线的飞机使用的机场。地区机场指香港、澳门地区的机场。

按机场在民航运输系统中所起的作用划分:民用机场可分为枢纽机场、干线机场和支线机场。枢纽机场是指国际、国内航线密集的机场。旅客在此可以很方便地中转到其他机场。枢纽机场又分为门户机场、大型枢纽机场、中型枢纽机场和小型枢纽机场。干线机场是以国内航线为主,航线连接枢纽机场、直辖市和各省会或自治区首府,客运量较为集中,年旅客吞吐量不低于10万人次的机场。支线机场是指省、自治区内经济比较发达的中小城市和旅游城市,或经济欠发达且地面交通不便的城市地方机场,客运量较少,年旅客吞吐量一般低于10万人次,这些机场的航线多为本省区航线或邻近省区支线。

按机场所在城市的地位、性质划分:民用机场可分为Ⅰ、Ⅱ、Ⅲ、Ⅳ类。Ⅰ类机场。全国政治、经济、文化中心城市的机场,是全国航空运输网络和国际航线的枢纽,运输业务量特别大,除承担直达客货运输外,还具有中转功能。Ⅱ类机场。也可以称为国内干线机场。省会、自治区首府、直辖市和重要经济特区,开放城市和旅游城市或经济发达、人口密集城市的机场,可以全方位建立跨省、跨地区的国内航线,是区域或省区内航空运输的枢纽,有的可开辟少量国际航线。Ⅲ类机场。也可以称为次干线机场。国内经济比较发达的中小城市,或一般的对外开放和旅游城市的机场,能与有关省区中心城市建立航线。Ⅳ类机场。即支线机场及直升机机场。

按旅客乘机目的划分:民用机场可分为始发/目的地、经停(过境)、中转(转机)机场。始发/目的地机场,始发和目的地旅客占旅客总数比例较高,目前国内机场大多属于这类机场。经停机场,位于航线的经停点上,没有或很少有始发航班飞机,这里的经停,一般为技术经停,例如给飞机加油等,飞机一般停驻时间较短。中转(转机)机场,有相当大比例的旅客乘飞机到达后,立即转乘其他航线的航班飞机飞往目的地。

除以上四种类别的划分标准外,从安全飞行角度还应考虑为预定着陆机场安排备降机场。备降机场是指在飞行计划中事先规定的,当预定着陆机场不宜着陆时,飞机可前往着陆的机场。

(二)机场的分区与功能

民航运输机场主要由飞行区、旅客航站区、货运区、机务维修设施、供油设施、空中交通管制设施、安全保卫设施、救援和消防设施、行政办公区、生活区、生产辅助设施、后勤保障设施、地面交通设施及机场空域等组成。

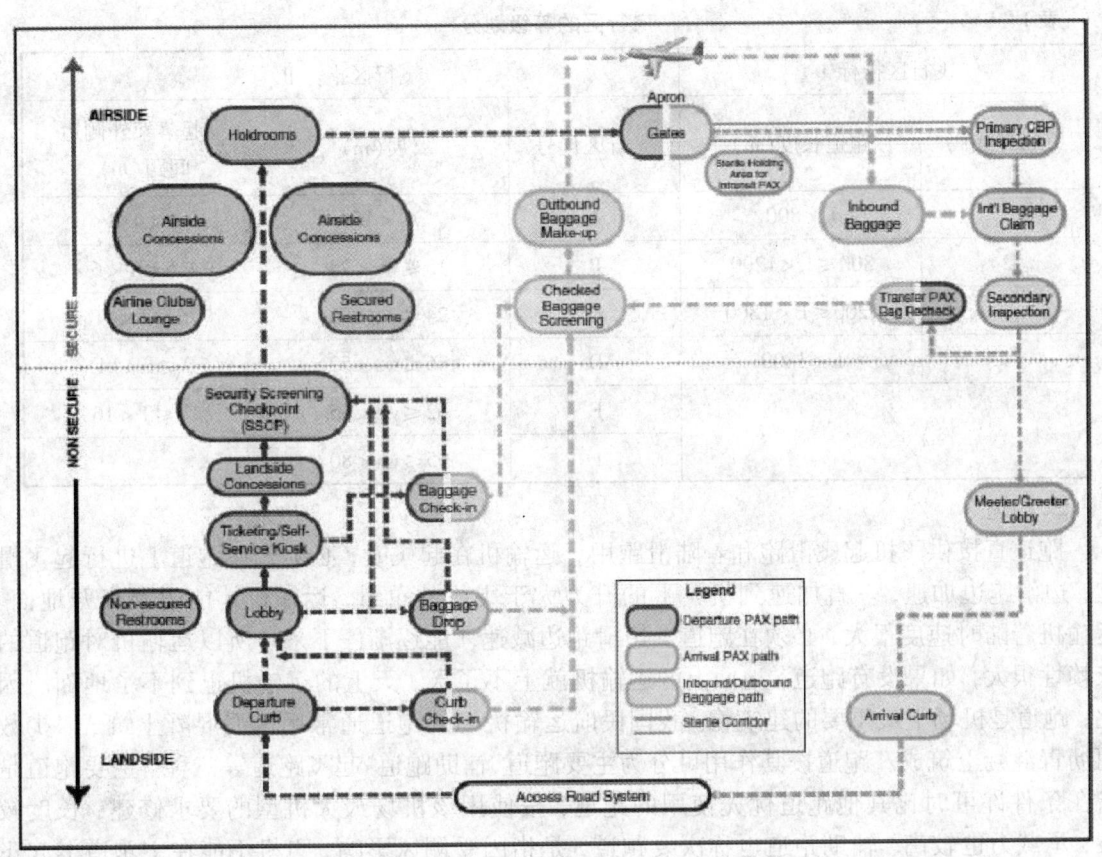

图1-7

图片来源:Landrum & Brown

1. 飞行区

飞行区包括地面设施和净空区两部分,供飞机起飞、着陆和滑行用,其地面设施是机场的主体,包括:跑道及升降带、滑行道、停机坪、灯光助航设施及净空区,目前常直接使用机场飞行区等级指称机场等级。飞行区等级并不直接与机场跑道长度、宽度等同,还与道面强度、道面摩擦力等相关。

国际民航组织和中国民用航空局用飞行区等级指标Ⅰ和Ⅱ将有关飞行区机场特性的许多规定和飞机特性联系起来,从而对在该飞机场运行的飞机提供适合的设施。飞行区等级指标Ⅰ根据使用该飞行区的最大飞机的基准飞行场地长度确定,共分4个等级;飞行区等级指标Ⅱ根据使用该飞行区的最大飞机翼展和主起落架外轮间距确定,共分6个等级,见表1-1。

表 1-1　　　　　　　　　　　飞行区的等级划分

飞行区指标 I		飞行区指标 II		
飞行区代码	跑道长度(m)	飞行区代号	翼展(m)	主起落架外侧边间距(m)
1	L < 800	A	ws < 15	T < 4.5
2	800 ≤ L < 1200	B	15 ≤ ws < 24	4.5 ≤ T < 6
3	1200 ≤ L < 1800	C	24 ≤ ws < 36	6 ≤ T < 9
4	L ≥ 1800	D	36 ≤ ws < 52	9 ≤ T < 14
		E	52 ≤ ws < 65	14 ≤ T < 16
		F	65 ≤ ws < 80	

2. 跑道

跑道直接供飞机起飞滑跑和着陆滑跑用。运输机在起飞时，必须先在跑道上进行起飞滑跑，边滑跑边加速，一直加速到机翼上的升力大于飞机的重量，运输机才能逐渐离开地面。运输机着陆时速度很大，必须在跑道上边滑跑边减速才能逐渐停下来。所以运输机对跑道的依赖性很大，如果没有跑道，地面上的运输机就上不了天，天上的运输机也到不了地面。因此，跑道是机场上最重要的建筑物。我国民航运输机场的跑道通常用水泥混凝土筑成，少数用沥青混凝土筑成。跑道按其作用可分为主要跑道、辅助跑道、起飞跑道等三种。主要跑道是指在条件许可时比其他跑道优先使用的跑道，按使用该机场最大机型的要求修建，长度较长，承载力也较高。辅助跑道也称次要跑道，是指因受侧风影响，飞机不能在主跑道上起飞着陆时，供辅助起降用的跑道。由于飞机在辅助跑道上起降都有逆风影响，所以其长度比主跑道短些。

图 1-8　日本成田国际机场跑道

图 1-9　北京首都国际机场跑道

3. 跑道端安全地区

跑道端安全地区设在升降带两端，用来减少起飞着陆的飞机偶尔冲出跑道以及提前接地时遭受损坏的危险。其地面必须平整、压实，并且不能有危及飞行安全的障碍物。

4. 净空道

当跑道长度较短，只能保证飞机起飞滑跑安全，而不能确保飞机完成初始爬升（10.7m高）安全时，机场应设置净空道，以弥补跑道长度的不足。净空道设在跑道两端，其土地应由机场当局管理，以便确保不会出现危及飞行安全的障碍物。

5. 滑行道

滑行道供飞机从飞行区的一部分通往其他部分用。主要有下列五种：

（1）进口滑行道——设在跑道端部，供飞机进入跑道起飞用。设在双向起飞着陆用的跑道端的进口滑行道，亦作为出口滑行道。

（2）旁通滑行道——设在跑道端附近，供起飞的飞机临时决定不起飞时，从进口滑行道迅速滑回用。也供跑道端进口滑行道堵塞时飞机进入跑道起飞用。

（3）出口滑行道——供着陆飞机脱离跑道用。交通量较大的机场，除了在跑道两端设置的出口滑行道外，还应在跑道中部设置。设在跑道中部的有直角出口滑行道和锐角出口滑行道两种。锐角出口滑行道亦称为快速出口滑行道。

（4）平行滑行道——平行滑行道供飞机通往跑道两端用。在交通量很大的机场，通常设置两条平行滑行道，分别供飞机来往单向滑行使用，这两条平行滑行道合称为双平行滑行道。

（5）联络滑行道——交通量小的机场，通常只设一条从站坪直通跑道的短滑行道，这条滑行道称为联络滑行道。交通量大的机场，双平行滑行道之间设置垂直联接的短滑行道，也称为联络滑行道，供飞机从一条平行滑行道通往另一条平行滑行道用。

6. 机坪

飞行区的机坪主要有等待坪和掉头坪两种。等待坪供飞机等待起飞或让路而临时停放用，通常设在跑道端附近的平行滑行道旁边。掉头坪供飞机掉头用，当飞行区不设平行滑行道时应在跑道端设掉头坪。

以上介绍的内容是现代运输机场飞行区地面设施的组成。

7. 灯光助航设施

灯光助航设施，用于在夜间或雾天向飞行人员传送灯光信息，供其起飞、判定空中位置、进入机场和着陆，以保证飞行安全。灯光设备以颜色标识、灯光图案和闪烁情况组成所谓灯光语言，发送出一定的信息。

8. 净空区

是指飞机起飞着陆涉及的范围，为了确保飞行安全，对这一范围内的地形地物高度必须严格限制，不许有危及飞行安全的障碍物。

（三）旅客航站楼

旅客航站楼是指为航空旅客通过地面服务的主要建筑物，又称航站楼，通常根据跑道和通往城市道路的布局而设置在航空港内比较适中的地点。其基本功能是保证出发、到达、中转的旅客迅速而有秩序地登上飞机或离开机场，同时为旅客和迎送亲友的客人提供候机和休息的场所。

航站楼的使用者可分为四类，即旅客及迎送者、航空公司人员、机场当局及有关工作人员、商业经营者。航站楼及设施应该最大限度地满足上述四类人员，特别是其中的旅客及迎送者的各种需求。

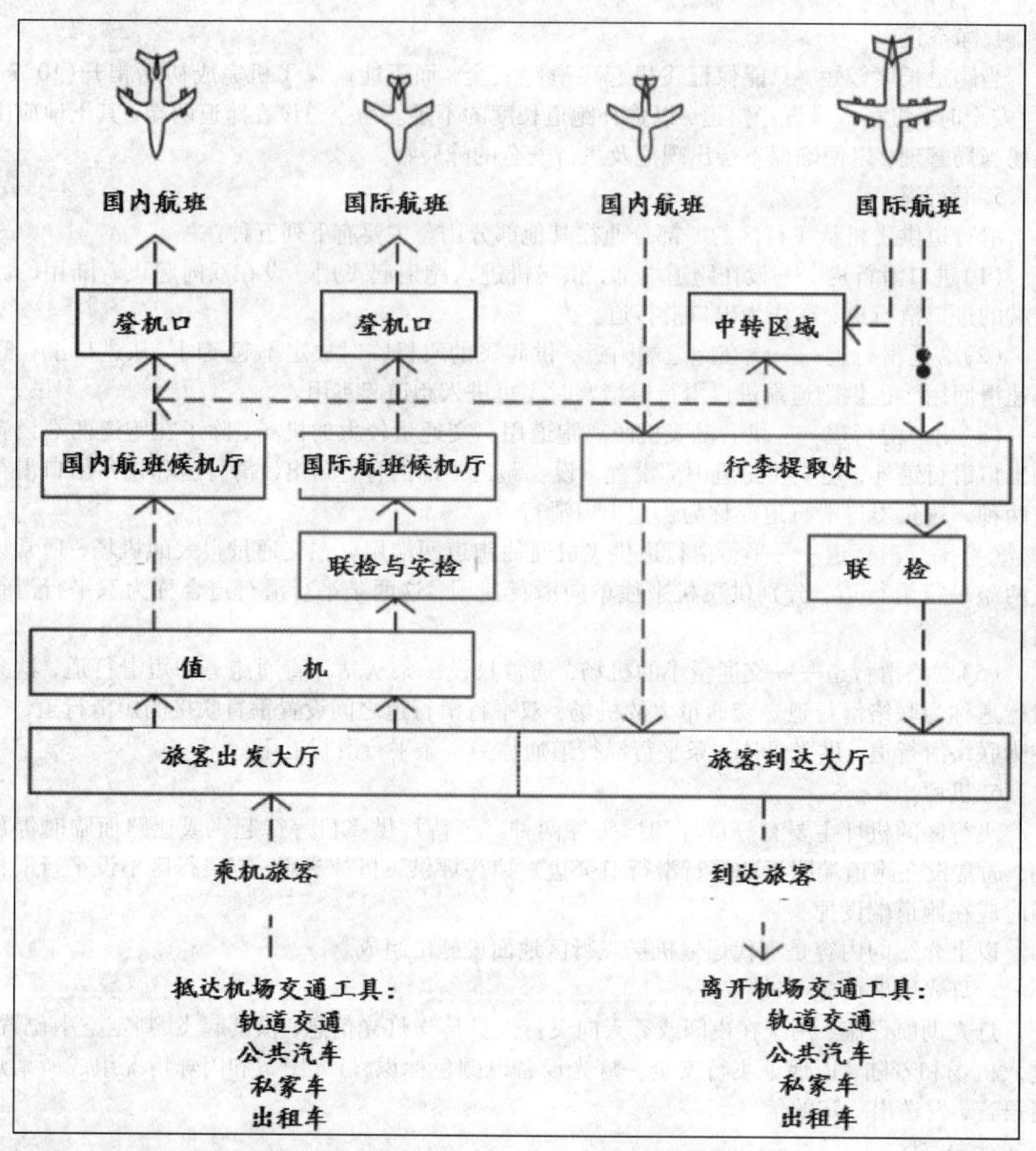

图 1-10

航站楼的基本设施主要内容见表1-2。

表1-2 候机楼功能区与服务项目

	旅客服务项目	功能区
旅客出发区	值机	值机岛
	餐饮零售业	出发大厅
	售票	
	海关	联检大厅
	卫生检验检疫	
	边防	
	安检	安检区域
	餐饮零售业	候机厅
	登机口值机	登机口
旅客到达区	边防	边防检查区
	卫生检验检疫	
	行李提取	行李提取处
	海关	海关柜台
	迎接	接机大厅
	餐饮零售业	
中转区	安检	安检区
	边防	联检区
	卫生检验检疫	

旅客出发区：

航站楼旅客出发大厅用以实现以下功能：旅客办票、交运行李、旅客及迎送者等候、安排各种公共服务设施等。

作为多数出发旅客的最初目标，办票区应一进大厅就能看到。旅客在办票区柜台办理机票，将行李称重、挂标签、托运。办票柜台和行李传送带的布置通常有三种型式，即正面线型、正面通过式和岛式。办票区的面积、办票柜台的数量、布置型式，与高峰小时客流量、旅客到达航站楼的时间分布、柜台工作人员办理手续的速度及行李处理设施水平等诸多因素有关。

旅客出发区通常还设有问询台、各航空公司售票处、银行、邮政、电讯等设施，以及供旅客和迎送者购物、消闲、餐饮的服务区域。

1. 安全检查设施

为确保航空安全，出发旅客登机前必须接受安全检查。安检一般设在办票区和出发候机室之间，具体控制点可根据流程类型、旅客人数、安检设备和安检工作人员数量等做非常灵活的布置。目前,在我国许多繁忙的机场,安检常常成为阻塞客流的瓶颈。因此,安检在选点、确定设施时要根据客流量认真筹划。

常用的安检设备有磁感应门(供人通过时检查)、X光机(查手提行李)、手持式电子操纵棒等。X光安检机见图1-11。

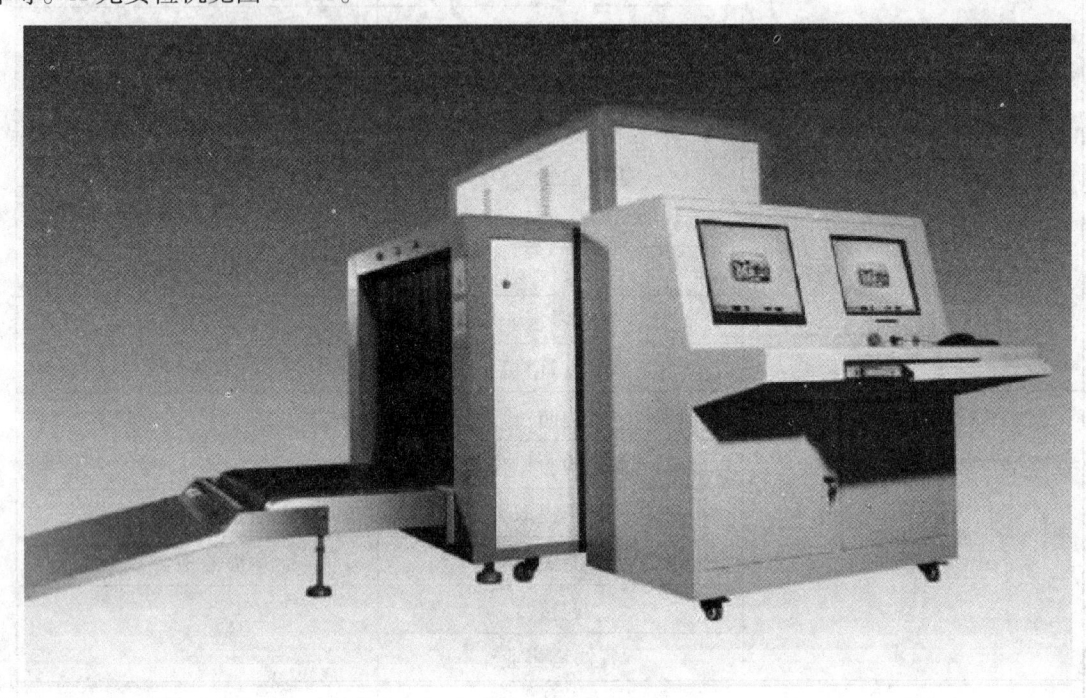

图1-11 X光安检机

2. 政府联检设施

政府联检设施包括海关、边防和卫生检疫,是国际旅客必须经过的关卡。各国的管制要求和办理次序不尽相同。我国要求的次序是:出发旅客先经海关,再办票,然后经过边防;到达旅客先经边防,再经检疫,最后经过海关。

为加快客流过关速度,航站楼海关检查通常设绿色、红色两条通道。红色为主动报关通道,绿色为无需报关通道。海关对旅客所携带行李一般也用X光检查仪检查。国际旅客进出港必须在边防口交验护照和有关证件。根据国际卫生组织规定,对天花、霍乱等十几种疫情,各国应严密监控,严禁患传染病的旅客入境。旅客入境时要填表并交验证件。

3. 候机厅

候机厅是出发旅客登机前的集合、休息场所,通常分散设在航站楼机门位附近。候机厅应宁静、舒适。考虑到飞机容量的变化,航站楼候机区可采用玻璃墙等做灵活隔断。候机室要为下机旅客提供通道,使之不干扰出发旅客。候机室一般设在二层,以便旅客通过登机桥登机。

当要客较多时,应考虑在航站楼专设贵宾候机室。贵宾候机室要求环境优雅、舒适,有时还设保安装置,因为要客常常是犯罪分子袭击的对象。

4. 行李处理设施

航空旅行由于要把旅客和行李分开,遂使行李处理比其他交通方式要复杂许多。这在一定程度上也使航站楼设计复杂化,因为要配置许多设施才能保证旅客在航站楼内准确、快速、安全地托运或提取行李。进、出港行李流程应严格分开,其具体流程细节见图1-12。行李的处理,根据航站楼规模和行李吞吐量,可采用同层、二层、三层等方案。

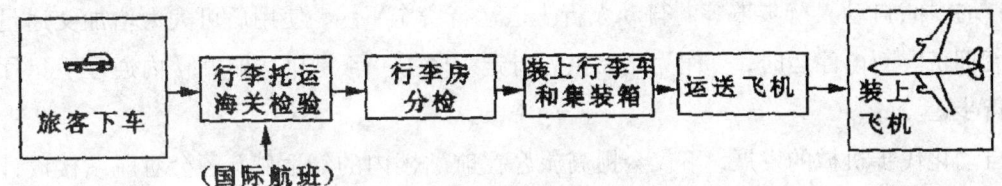

(a) 出港行李流程

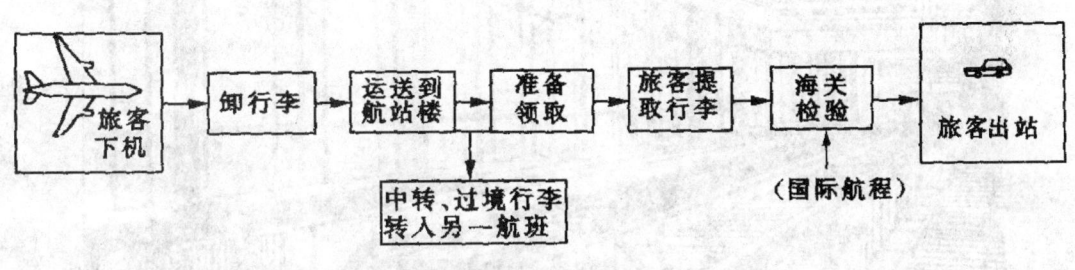

(b) 进港行李流程

图1-12 进、出港行李流程

旅客提取行李的装置,按在行李提取层行李输送装置的形状,可分为直线式、长圆盘式、跑道式和圆盘式四种型式。行李提取装置见图1-13。

图1-13 旅客提取行李装置

除了必要的输送设备，现在许多先进机场还采用了进、出港行李自动分检系统，从而大大提高了机场行李处理的速度和准确性。

5. 机械化代步设施

航站楼内每天都有大量的人员在流动。为方便人们在航站楼的活动，特别是增加旅客在各功能区转换时的舒适感，航站楼常常装设机械化代步机械。常见的机械化代步设备有电梯、自动扶梯、自动人行步道等。自动人行步道运行安全平稳，使用后可大大增加交通量并避免人流拥挤。断电停运时，可作为路面供人行走。图1-14是机场航站楼内通往卫星厅的自动人行步道。

自动化代步机械的发展，不仅会提高旅客在航站楼内的舒适感，还会对航站楼设计概念的发展和变化造成影响。

图1-14 航站楼自动人行步道

6. 登机桥

通常，航站楼在空侧要与飞机建立联系，登机桥就是建立这种联系的设备，它是航站楼门位与飞机舱门的过渡通道。采用登机桥，可使下机、登机的旅客免受天气、飞机噪声、发动机喷气吹袭等因素影响，也便于机场工作人员对出发、到达旅客客流进行组织和疏导。

登机桥是以金属外壳或透明材料做的密封通道，见图1-15。桥本身可水平转动、前后伸缩、高低升降，因此能适应一定的机型和机位变化。登机桥须由专职人员操纵。与机舱门对接后，通常规定桥内通道向上和向下坡度均不能大于10%。

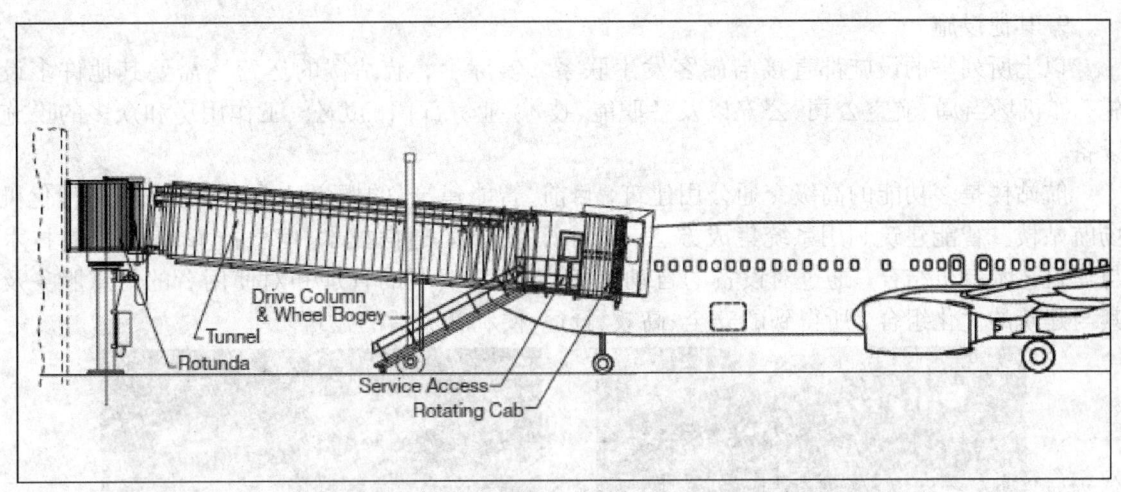

Source: Landrum & Brown

图1-15 登机桥

7. 餐饮零售业

随着航空客运量的迅猛增加,特别是率先在航站楼开展大规模商业经营的机场的巨大成功,航站楼商业经营设施已成为机场当局创收的一个重要渠道。目前,在商业经营卓有成效的机场,如哥本哈根、希思罗、新加坡等机场,都有项目完备、规模庞大的航站楼商业经营设施。商业经营收入一般都占到机场总收入的60%以上。航站楼可以开展的商业经营项目是繁多的。例如免税商场、银行、保险、会议厅、健身厅、娱乐室、影院、书店、理发店、珠宝店、旅馆、广告、餐厅、托幼所等等(见图1-16)。

8. 旅客信息服务设施

主要指旅客问询查询系统、航班信息显示系统、广播系统、时钟等。

9. 其他设施

以上所列举的设施都直接与旅客发生联系。实际上，航站楼的运营还需要其他许多设施，如机场当局、航空公司、公安以及各职能、技术、业务部门的办公、工作用房和众多的设施设备。

航站楼是多功能的高级交通公用建筑，目前"智能建筑"的概念已被广泛运用于现代化机场航站楼。智能建筑利用系统集成方法，将计算机技术、通信技术、信息技术、自动控制技术与建筑艺术有机结合，通过对设备的自动监控、对信息资源的管理和对使用者的信息服务及其与建筑的优化组合，所得到的安全、高效、舒适、便利和灵活的建筑。

迪拜机场免税店

卡塔尔机场免税店

图 1-16 航站楼免税商场

（四）登机机坪

设在航站楼前的机坪称为站坪或客机坪，供客机停放、上下旅客、完成起飞前的准备和到达后各项作业用。如何安排旅客上下飞机，决定着候机楼的基本结构形式。较为常用的一种形式叫指廊式，从候机楼伸出一条或两条长长的手指状的走廊，在走廊的两侧安置登机廊桥和停机位，停机量较以前大大增加。这种建筑形式现在已被大多数机场所采用。但它也有缺点，那就是：旅客从候机厅到不同的登机口，之间步行的距离相差很大，这对于在指廊远端登机或者是中转飞机的旅客来说尤其不方便。在美国芝加哥的奥黑尔机场，最远的换机距离竟达两千米。现代新建的候机楼都安装了电动人行步道，减轻了旅客这方面的困难。

第二种形式是卫星厅式。它是在候机楼外设定的距离上又修建了一个或数个卫星厅，在卫星厅设有旅客登机廊桥，飞机停靠在卫星厅外，旅客通过专设的通道由候机楼进出卫星厅去上下飞机。一个卫星厅可以供多个航班使用，旅客搭乘各个航班的登机距离几乎是相同的。卫星厅式候机楼建造成本比指廊式的要高，而且建成后不易扩展。

为了减少投资，一种改进了的原始的登机方式也在被采用，它不需要上述的建筑投资，这就是使用地面车辆将旅客接送到停机坪或候机楼。优点是节约了建设成本，缺点是增加了服务人员的数量。有的机场为此设计出一种移动式登机廊桥，外观很像一辆大客车，但车的底部装有升降设备。旅客乘此车驶到飞机旁，此时车厢整体升起，车门对准飞机舱门，旅客就可以不费力地进入机舱内。大型机场可以有不止一座候机楼和登机机坪，在同一个机场内可以使用有不同类型的候机楼和登机机坪的混合布局。

（五）地面运输区

空中交通与地面交通在航空港交汇。一个大型空港，每年旅客的进出人数可达千万以上，机场的工作人员和附近的居民也有几万，因此机场地区的地面交通就显得很重要了。只有具备了便捷的地面交通系统才能及时地将旅客运送到市区内或其他地方，把货物运送到目的地或与其他水路、公路、铁路交通枢纽相衔接。日本东京的成田机场有地下铁路直通数十公里外的东京市区；北京首都国际机场也修建了通往市区的高速公路；上海浦东机场正在计划修建世界上第一条磁悬浮铁路。该铁路建成之后，列车时速可达 500 千米/小时，它可以将乘客在 15 分钟之内从机场送到 55 千米之外的市中心。

候机楼的向外一方，通常都是一个广场。这个地方也是地面车辆云集、地面交通最为繁忙的区域。不仅要在机场建设时规划建设好各条道路及交通设施，而且还要留下足够的汽车泊位。

（六）航空港安全保卫

机场人流物流庞大，飞机价格又非常昂贵，此外机场在政治方面的影响也很大。犯罪分子极易瞄准此地作案。航空保安工作不管是对空中的飞机还是对地面的各种设施来说都是非常重要的，决不可掉以轻心。机场设立了专门机构负责一系列的安全保卫工作。

机场的地面保卫措施包括：在机场周围设立隔离带、栏杆等防止闲杂人等进入机场的防护地带，在机场的各关键出入口设置警卫，货物更是派武装警卫严加把守，还有闭路监视装置对各处的人员活动实行 24 小时的监控。

知识链接：

机场和航空公司的关系

机场与航空公司之间同时存在战略伙伴关系、客户关系和竞争关系。机场与航空公司同是航空运输的供给方，双方是战略伙伴关系。机场与航空公司各司其职，共同协作来满足航空市场需求，机场主要负责对基础设施的投资，而其总体规划和建设需要航空公司的参与；航空公司则主要提供航空器及相关服务，但其发展规划以及航线和航班的安排也需要机场的参与。航空公司是机场的重要客户，双方存在客户关系。从机场收入构成来看，航空业务的收费全部来自航空公司。机场与航空公司之间还存在着一定程度的竞争关系，特别是基地航空公司与机场管理机构之间存在着对市场控制力的竞争，主要体现在对设施资源的控制和对业务资源的利用上。

实训任务

请与你的团队成员紧密合作，在老师的指导下，应用所学到的知识，利用网络调研、资料收集或者实地访谈等形式，对机场各功能区进行调研型学习。

◆ **实训准备**

组建3-5人规模的项目团队,建议团队中应包含男性和女性,名额以单数为好,以便处理意见分歧。

确定调研的机场,最好是学校所在城市的机场。

准备签字笔、记录本,有条件的话,准备相机和录音笔。

编制调研(访谈)提纲,可以依据所学的机场功能与分区的相关知识。

◆ **实训过程**

联系学校所在城市或组员感兴趣的机场作为研究对象。

进行调研。

团队合作处理各项资料。

小组讨论得出结论。

◆ **实训结束**

实训总结分工。

制作汇报PPT。

演讲汇报。

修改思路,完成《某机场功能与分区实训报告》。

教师和企业专家共同评分。

课后练习

1. 什么是机场地勤服务?有哪些具体的工作岗位?
2. 请讲述中国机场发展的历史。
3. 请介绍机场候机楼里的服务设施设备。
4. 机场跑道的等级分类是什么?

学习资源

◆ **文献类**

[1] 杨云鹏. 世界机场可持续发展史对中国机场的启示[J]. 黑龙江史志, 2014, (9)

[2] 王玲玲. 机场运营能力与区域经济社会发展协调度分析[J]. 现代商贸工业, 2012, (5)

[3] 尹力刚. 智能机场——机场未来发展趋势[J]. 空运商务, 2013, (08)

◆ **视频类**

大连国际机场, http://v.youku.com/v_show/id_XNDkwNzE5Mjgw.html

广州白云国际机场地勤服务有限公司介绍, http://v.youku.com/v_show/id_XODU3NTUzMDI0.html

杭州萧山国际机场介绍, http://v.youku.com/v_show/id_XMTc1MDI1NDgw.html

项目二　候机楼通用服务

学习目的

1. 熟悉机场地面交通状况
2. 能为旅客提供标准化的问询服务
3. 熟练进行候机楼广播服务
4. 熟悉民航公共信息图形标志

案例引入

把问号拉直的人：记浦东机场现场问询翔音组

浦东机场候机楼管理分公司"翔音组"位于候机楼国际、国内出发大厅，是负责为旅客提供方位指引、当日客运航班查询及对疑难问题提供解答和指引的窗口服务岗位。"翔音"既体现了航班问询的工作职责，又含有给旅客带来吉祥的音讯的美好祝愿，还表现出了上海机场人鲲鹏展翅、翱翔蓝天、搏击长空的美感、志向和精神。她们是18名平均年龄为25岁的姑娘，她们每天要回答旅客近2000次的问询。"浦东机场候机楼第一岗"的机场现场问询"翔音组"，自2003年正式命名以来，涌现出了许许多多动人的故事。

粗心旅客幸遇巧姑娘

有一次，一名粗心的日本旅客将装有证件和机票的小包遗落在从酒店前往机场的出租车上，又没有取发票，情急之下，他找到了机场问询台"翔音组"，岗位能手小朱见状，一边安慰他，一边联系到了酒店。经验告诉她，一般酒店都会记录出行旅客的目的地及出租车车牌号,几经辗转,终于找到了这辆出租车。小朱一边紧急联系机场公安,一边寻求航空公司的协助。在航班起飞前解决了难题。

"爱心通道"在延伸

"爱心通道"是一项为无人陪伴的70岁以上的老人、肢体残疾等行动不便的旅客提供从办票直至登机的全程免费陪同服务项目。一次,一位老人希望走"爱心通道",服务员小王和小朱了解到这位老人只有63岁,不符合接待标准。正想向老人解释时,却发现老人的行动有些异常,原来老人患有帕金森综合症,浑身不时地抽搐,连讲话都略带颤抖。情况特殊,她们毫不犹豫地破例开启"爱心通道"。自浦东机场"爱心通道"开通以来,已累计接待了200多人次,消除了无人陪伴下特殊旅客乘机的顾虑。

案例启示:

机场问询处工作人员又被称为机场服务大使,必须熟悉旅客流程、航班信息、航站楼旅客服务设施等方面信息。

知识准备

通用服务是一系列服务的总称,包括地面交通服务、问询服务、候机楼广播服务、公共信息标志服务以及候机楼商业零售服务等,是旅客运输服务的延伸,是完整的旅客服务不可或缺的环节。

一、地面运输

机场地面运输区包括两个部分,第一部分是机场进入通道,第二部分是机场停车场和内部道路。

(一)机场进入通道

机场是城市的交通中心之一,而且有严格的时间要求,因而从城市进出机场的通道是城市规划的一个重要部分,大型城市为了保证机场交通的通畅都修建了市区到机场的专用公路、高速公路或城市铁路。为了解决旅客来往于机场和市区的问题,机场要建立足够的公共交通系统,有的机场开通了到市区的地铁或高架铁路,大部分机场都有足够的公共汽车线路来方便旅客出行。在考虑航空货运时,要把机场到火车站和港口的路线同时考虑在内。

项目二 候机楼通用服务

图2-1 成都双流国际机场进入通道

图 2-2　香港国际机场进入通道

(二)机场停车场和内部道路

机场停车场：除考虑乘机的旅客外还要考虑接送旅客者的车辆、机场工作人员的车辆及观光者和出租车量的需求，因此机场的停车场必须有足够大的面积。

当然，停车场面积太大也会带来不便，一般情况是繁忙的机场按车辆使用的急需程度把停车场分为不同的区域，离候机楼最近的是出租车辆和接送旅客车辆的停车区，以减少旅客步行的距离。机场职工或航空公司使用的车辆则安排到较远位置或安排专用停车场。机场内道路系统：在候机楼外的道路区要很好地安排和管理，这里各种车辆和行人混行，而且要装卸行李，特别是在高峰时期，容易出现混乱和事故。机场内道路的另一个主要部分是安排货运的通路，使货物能通畅地进出货运中心。

图 2-3　沈阳桃仙国际机场停车场

二、候机楼问询服务

候机楼问询提供诸如航班信息、机场交通、候机楼设施使用等一揽子问询服务。问询服务往往能直接解决旅客在旅行过程中遇到的许多麻烦,能为旅客解决问题指明方向,因而深受旅客欢迎,已经成为航空运输企业旅客服务的不可或缺的窗口。

图2-4 迪拜国际机场智能问询服务设施

(一)候机楼问询服务分类

按提供方不同分为航空公司问询、机场问询和联合问询。航空公司问询:各航空公司有其相应的地面服务人员。机场问询:机场由管理公司分管,有其专业的问询服务人员。联合问询:由航空公司与机场共同派出问询服务人员组成联合问询柜台,向旅客提供最为全面的问询服务。

航空公司进驻机场,以首都国际机场为例:
1号航站楼为海南航空集团国内航班专用(包括海南航空公司、大新华航空、大新华快运、首都航空、天津航空);2号航站楼为中国东方航空公司、中国南方航空公司、厦门航空公司、深圳航空公司、重庆航空公司、海南航空(国际航班),以及天合联盟的外航和非联盟的外航服务。3号航站楼为中国国际航空公司、深圳航空公司、山东航空公司、上海航空公司、四川航空公司,以及星空联盟的外航,寰宇一家的外航和非联盟的外航服务。

按提供方式不同分为现场问询和电话问询。现场问询,指在问询柜台当面向旅客提供问询服务。电话问询,通过电话方式向打来电话的客人提供各类问询服务,电话问询分为人工电话问询和自动语音应答问询。人工电话问询主要用来解决旅客提出的比较复杂或非常常见的问题;自动语音应答问询则由旅客根据自动语音提示进行操作,能较好地解决旅客所关心的常见问题,能大大地节省人力,提高服务效率。

按服务柜台的设置位置不同,分为隔离区外问询和隔离区内问询。

(二)候机楼问询服务的岗位职责和要求

熟悉机场内各设施位置;精通民航基础知识;掌握航空运输概论和旅客行李运输、客票等相关业务知识;了解省内旅游地理基础知识;熟悉民航旅客心理学基础知识;熟悉本部门各岗位工作程序,了解相关部门及联检单位的业务知识;熟悉《中国民用航空旅客、行李国内运输规则》和《中华人民共和国民用航空法》的内容及规定。

1. 首问责任制

"首问责任制",即旅客求助的第一位工作人员有责任在第一时间确保准确答复或有效解决问题的前提下提供优质服务,否则必须将用户指引到能提供有效服务的单位或岗位。

当旅客提出问题问询服务要求时,由第一位接到信息的工作人员负责接待,对询问事项办理或协助办理、跟踪反馈,该服务人员即为首问责任人。提供协助或后续服务的人员或部门为第二责任人,相对于第一环节是后续服务的首问责任人。

2. 候机楼问询服务的岗位职责

①掌握航班动态,耐心、细致地回答现场旅客问询;

②负责做好电话问询工作;

③负责做好不正常航班的解释工作;

④做好前台服务,负责接待各类旅客及相关人员;

⑤负责提供各类温馨预约服务,并向旅客介绍航空公司和机场服务的内容及特色;

⑥完成上级领导安排的其他工作。

3. 基本要求

(1)必须在值机柜台开启前到达岗位,检查电脑、电话等设施是否处于正常状态;如果发现有故障必须及时报修或者调用备用设备,以确保问询工作能够顺利开展。

(2)根据旅客提出的要求或疑惑及时给予帮助或解答,若遇到无法解决的问题,及时向上级汇报。

(3)确保问询柜台始终有工作人员在岗,若遇到特殊问题需要离开,应在柜台上放置"请稍等"指示牌。

(4)若遇到旅客在现场提出投诉时,应耐心解释并做好相关情况的记录,及时向上级反映;如有必要可向旅客提供企业投诉电话。

(5)必须在本机场最后一个出发航班登机结束后,才可关闭柜台,并将柜台上用电设施关闭,以确保安全。

4.业务处理要求

(1)现场问询

①问询员应具备应有的知识和良好的记忆能力,具备助人为乐的品质和良好的服务意识;

②遇到旅客问询时应主动站立,向旅客问好,5米之内与旅客目光交流,努力做到表情自然、和蔼可亲、细致、耐心地倾听旅客的问题并解答,礼貌地向旅客道别;

③回答旅客问题时,语言要文雅、简练、明确、不含糊、不啰嗦,语气委婉、热情,忌用专业术语、服务禁语,并注意肢体语言(手不可放在口袋里或双手抱在胸前);

④对旅客提出的问题有疑问或不知道的,要请客人稍等,请同事帮忙,问询后再告知客人,不能说"不知道"或"你可以问其他人"等推辞的话语;

⑤递交、接收物品时必须用双手;

⑥若要引领旅客,则要斜前2-3步处,转弯时用手势指引客人,根据客人的步速行走。

(2)电话问询

①铃响三声之内接听电话,报岗位名称,声音要清晰,做到速度适中、用语规范;

②仔细、耐心聆听客人问题,必要时请客人重复某些细节或听不清楚之处;

③回答旅客问题时,应简明清晰,语气温和并使用文明礼貌用语,忌用专业术语、服务禁语;

④努力提高电话接通率,禁止利用问询电话拨打私人电话。

知识链接:

旅客常见问题:

1.旅客第一次坐飞机,如何指引旅客办理乘机手续?

答:国内:在航班信息显示屏上查询所乘坐航班相应的值机岛→办理行李托运手续、换登机牌→安全检查→寻找相应的登机口候机。

国际:在航班信息显示屏上查询他所乘坐航班相应的值机柜台号→填写《海关申报单》→海关出境检查(海关官员抽检)→办理行李托运手续、换登机牌→检验检疫查验→填写《出境登记卡》→边防检查→通过安全检查→寻找相应的登机口候机。

2.问:请问××航空公司的航班在哪里办乘机手续?

答:请旅客出示机票,依据他所乘坐的航班的航班号,在航班信息显示屏上查询他所乘坐航班相应的值机柜台,然后指引旅客到相应的值机柜台办理乘机手续即可。

3.问:国内出发无托运行李乘机手续柜台在哪?

答:如果旅客无需要托运的行李,可使用自助值机系统,打印登机牌,挑选座位。楼内部分航空公司会有专人在值机柜台前给予协助。

4. 问:请问通过安检需要出示哪些证件?
答:通过安检需要出示登机牌、有效身份证明、机票。

5. 问:请问大件行李在哪里托运?
答:国际航班请到二层值机岛 D 岛后侧托运;国内航班请到二层值机岛 G 岛、H 岛中间的通道托运。

6. 问:在航显电视上"状态"一栏中的"D"和"C"分别代表什么?
答案:D - 航班延误;C - 航班取消。

7. 问:请问电子客票业务到哪里办理?
答:请到二层出发大厅值机柜台均可办理。

8. 问题:旅客在什么时候可以开始办理乘机手续?什么时候可以登机?
答案:国内航班:一般在航班起飞前90分钟开放办理乘机手续的柜台,在航班起飞前30分钟关闭柜台。登机开始时间一般为起飞前30分钟左右。

国际航班:一般办理乘机手续的柜台于飞机起飞前2个半小时到3个小时开放,并于飞机起飞前40分钟左右关闭。登机开始时间一般为起飞前一小时到40分钟。

9. 问题:哪些是禁止随身携带也禁止托运的物品?
答案:枪支弹药、管制刀具、警械、易燃易爆物品(如打火机、酒精、油漆、烟花爆竹)、腐蚀性物品、剧毒物品以及其他危险品。

10. 问题:如果液体、凝胶及喷雾类的物品及容器不能通过安全检查,将会如何处置?
答案:如不符合安全检查要求,这些物品及容器只能弃置。因此,需向旅客告知将液体、凝胶及喷雾类物品放在托运行李内,以便顺利通过安全检查。

11. 问题:在哪里可以购买航空意外保险?哪里可以退航空意外保险?
答案:航空意外保险由旅客自愿选择是否购买。位置在登机口东西卫星厅圆岛内及东西直廊一层远机位销售"航空意外保险"的柜台。退航空意外保险要到原购买地点办理。若遇航班改签情况,改签后,保险仍然有效。提醒旅客以保单上的标注为准。

12. 问题:特殊服务应如何申请?
答案:特殊服务属于航空公司业务范围,具体情况和特殊服务办公室联系。

13. 问题:随身携带液态物品的规定?
答:(1)乘坐中国国内航班的旅客,每人每次可随身携带总量不超过1升(L)的液态物品(不含酒类),超出部分必须交运。液态物品须开瓶检查确认无疑后,方可携带。

(2)乘坐从中国境内机场始发的国际、地区航班的旅客,随身携带的液态物品每件容积不能超过100毫升(ml)。盛放液态物品的容器,应置于最大容积不超过1升(L)的(建议规格20厘米×20厘米)、可重复密封的透明塑料袋中。每名旅客每次仅允许携带一个透明塑料袋,超出部分应交运。盛装液态物品的透明塑料袋应与其他手提行李分开,单独接受安全检查。

(3)来自境外需在中国境内机场转乘国际、地区航班的旅客,携带液态物品也必须遵守上述第(2)条规定。另外其携带入境的免税液态物品必须盛放在袋体完好无损、封口的透明塑料袋中,并须出示购物凭证。

(4)有婴儿随行的旅客携带液态乳制品,糖尿病或其他疾病患者携带必需的液态药品,经安全检查确认无疑后,可适量携带。

14. 问题:国内旅客可以免费托运多少行李?

答案:乘坐国内航线:持成人或儿童客票的头等舱旅客为40公斤,公务舱旅客为30公斤,经济舱旅客为20公斤。持婴儿票的旅客,无免费行李额。

乘坐国际航线:经济舱旅客的免费托运行李限额为20公斤,经济舱持学生护照的旅客,可以免费托运的行李限额为30公斤;公务舱免费托运行李限额为30公斤;头等舱免费托运行李限额为40公斤。但当目的地为美洲时,其托运行李可以为二件,每件不超过23公斤,单件行李三边长度和不超过158厘米。部分航空公司有特殊重量限制规定,请旅客留意机票上的提示,或向航空公司咨询。

15. 问题:货币可以托运吗?

答案:不可以。不可作为托运行李运输物品有重要文件和资料、证券、货币、汇票、珠宝、贵重金属及其制品、古玩字画、易碎易损坏物品、易腐物品、样品、旅行证件、贵重物品等。

16. 问题:如何提取托运的大件行李?

答案:如果旅客的行李形状不规则或是超大、超重,那么他的行李将不能从行李位置显示器中所指示的行李转盘送出。旅客需要到行李大厅的"大件行李传送带"处提取。

17. 问题:如果进港旅客没有在行李转盘上提取到自己的行李或发现行李破损了,怎么办?

答案:行李查询柜台:为旅客查询或解决行李晚到、破损、丢失等不正常行李事宜。具体位置,国际在1楼行李大厅8号转盘西侧;国内在12号、13号转盘东侧。对于丢失的行李,航空公司会在接到旅客询问信息时,分时段查询,超过一定时间后,将转到赔偿部门,对旅客的行李进行赔偿。

18. 问题:旅客误机了,应该怎么办?

答案:找相应航空公司在值机岛的值班经理或出发层的售票处,定妥原承运人下一航班座位或签转到其他航空公司航班。

19. 问题:身份证过期了,带户口本可以乘机吗?

答案:旅客有效证件包括:居民身份证、按规定可使用的有效护照、军官证、警官证、士兵证、文职干部或离退休干部证明以及16岁以下未成年人的学生证、户口簿等。因此,身份证过期了可以在机场办理临时身份证明,带户口本不可以登机。

20. 问题:临时乘机身份证明在哪里办理?如何办理?

答案:二号航站楼国内安检1号通道左侧22008房间派出所警务工作站办理临时身份证明,以供办理乘机手续用。需要旅客户籍所在地派出所出据一份户籍证明,并带两张一寸照片(黑白、彩色均可),也可在现场拍照(收费),即可办理。电话:64597459。

21. 问题:签转机票在哪里?

答案:签转机票可以到航空公司值班经理柜台、航空公司的售票窗口或航空公司驻机场的办公室办理。

22. 问题:旅客要求退票,在哪儿办理?

答案:退票只限原购票地点。

23. 问题:候补机票在哪里办理?

答案:无票旅客或持OPEN票(未确定座位票)的旅客,可以到乘机候补柜台排队等待,若航班有空余座位,将按顺序为等待旅客出票、办理乘机手续。乘机候补柜台位置在2楼值机大厅2号环岛的"补柜台"。

24. 问题:如何申请办理一次性进入机场控制区的证件?

答案:接受持副部级以上单位介绍信、需要进入机场控制区的人员申请,经审查符合规定的,予以办理一次性进入机场控制区证件。位置:二号航站楼二楼国内出港大厅北侧,商务中心旁。

三、候机楼广播服务

(一)候机楼广播系统

候机楼公共广播系统是一个集背景音乐、消防紧急广播、航班自动广播、本地广播于一体的多功能大型公共广播系统,是整个机场信息系统的一个子系统。

候机楼公共广播系统的特点是广播音源多,主要包括自动广播、呼叫站广播、背景音乐广播和紧急情况下的紧急广播等。系统由话筒、调音台、放大器、扬声器、扩声管理系统组成。

候机楼公共广播系统是服务质量考核的重要指标之一,也是机场信息化建设的重要环节,一般应具有高度的稳定性和可靠性,高度的均匀性和清晰性,高度的自动化和标准化以及多语种化。为此,民航总局1995年正式颁布了《民用机场候机楼广播用语规范》(MT/T1001-95)行业标准,用以提高广播服务质量和适应广播自动化的发展趋势。

(二)候机楼广播用语规范

1. 主题内容与适用范围

本标准对民航机场候机楼广播用语(以下简称广播用语)的一般规定、类型划分和主要广播用语的格式作出了规范。

本标准适用于民航机场候机楼广播室对旅客的广播服务。

2. 广播用语的一般规定

广播用语必须准确、规范,采用统一的专业术语,语句通顺易懂,避免发生混淆。

广播用语的类型应根据机场有关业务要求来划分,以播音的目的和性质来区分。

各类广播用语应准确表达主题,规范使用格式。

广播用语以汉语和英语为主,同一内容应使用汉语普通话和英语对应播音。在需要其他外语语种播音的特殊情况下,主要内容可根据本标准中广播用语汉语部分进行编译。

3. 广播用语的分类

(1) 广播用语包括：

a. 航班信息类；

b. 例行类；

c. 临时类。

(2) 航班信息类广播用语包括：

a. 出港类；

b. 进港类。

(3) 出港类广播用语包括：

a. 办理乘机手续类；

b. 登机类；

c. 航班延误取消类。

(4) 办理乘机手续类广播用语包括：

a. 开始办理乘机手续通知；

b. 推迟办理乘机手续通知；

c. 催促办理乘机手续通知；

d. 过站旅客办理乘机手续通知；

e. 候补旅客办理乘机手续通知。

(5) 登机类广播用语包括：

a. 正常登机通知；

b. 催促登机通知；

c. 过站旅客登机通知。

(6) 航班延误取消类广播用语包括：

a. 航班延误通知；

b. 所有始发航班延误通知；

c. 航班取消通知（出港类）；

d. 不正常航班服务通知。

(7) 进港类广播用语包括：

a. 正常航班预告；

b. 延误航班预告；

c. 航班取消通知（进港类）；

d. 航班到达通知；

e. 备降航班到达通知。

(8) 例行类广播用语包括：

a. 须知；

b. 通告等。

(9)临时类广播用语包括：

a. 一般事件通知；

b. 紧急事件通知。

四、航班信息类广播用语的格式规范

航班信息类播音是候机楼广播中最重要的部分，用语要求表达准确、逻辑严密、主题清晰，所有格式一般应按执行。

(一)规范的格式形式

1. 每种格式由不变要素和可变要素构成

其中，不变要素指格式中固定用法及其相互搭配的部分，它在每种格式中由固定文字组成。可变要素指格式中动态情况确定的部分，它在每种格式中由不同符号和符号内的文字组成。

格式中的符号注释：

①表示在____处填入航站名称；

②表示在____处填入航班号；

③表示在____处填入办理乘机手续柜台号、服务台号或问询台号；

④表示在____处填入登机口号；

⑤表示在____处填入二十四小时制小时时刻；

⑥表示在____处填入分钟时刻；

⑦表示在____处填入播音次数；

⑧表示在____处填入飞机机号；

⑨表示在____处填入电话号码；

⑩表示〔　〕中的内容可以选用，或跳过不用；

⑪表示需从〈　〉中的多个要素里选择一个，不同的要素用序号间隔。

2. 每种具体的广播用语的形成方法

根据对应格式，选择或确定其可变要素（如航班号、登机口号、飞机机号、电话号码、时间、延误原因、航班性质等）与不变要素共同组成具体的广播用语。

(二)规范的格式内容

1. 出港类广播用语包括三类

(1)办理乘机手续类广播用语包括五种

①开始办理乘机手续通知

前往____①的旅客请注意：

您乘坐的〔补班〕⑩____②次航班现在开始办理乘机手续，请您到____③号柜台办理。

谢谢！

Ladies and Gentlemen, may I have your attention please:

We are now ready for check – in for 〔supplementary〕⑩ flight ____② to ____① at counter No. ____③.

Thank you.

②推迟办理乘机手续通知

乘坐〔补班〕⑩____②次航班前往____①的旅客请注意：

由于〈1. 本站天气不够飞行标准　2. 航路天气不够飞行标准　3. ____①天气不够飞行标准　4. 飞机调配原因　5. 飞机机械原因　6. 飞机在本站出现机械故障　7. 飞机在____①机场出现机械故障　8. 航行管制原因　9. ____①机场关闭　10. 通信原因〉⑪，本次航班不能按时办理乘机手续。〔预计推迟到____⑤点____⑥分办理。〕⑩请您在出发厅休息，等候通知。

谢谢！

Ladies and gentlemen, may I have your attention please：

Due to 〈1. the poor weather condition at our airport　2. the poor weather condition over the air route　3. the poor weather condition over the ____① airport　4. aircraft reallocation　5. the maintenance of the aircraft　6. the aircraft maintenance at our airport　7. the aircraft maintenance at the ____① airport　8. air traffic congestion　9. the close – down of ____① airport　10. communication trouble〉⑪, the 〔supplementary〕⑩ flight ____② to ____① has been delayed. The check – in for this flight will be postponed 〔to ____⑤：____⑥〕⑩. Please wait in the departure hall for further information.

Thank you.

③催促办理乘机手续通知

前往____①的旅客请注意：

您乘坐的〔补班〕⑩____②次航班将在____⑤点____⑥分截止办理乘机手续。乘坐本次航班没有办理手续的旅客，请马上到____③号柜台办理。

谢谢！

Ladies and Gentlemen, may I have your attention please：

Check – in for 〔supplementary〕⑩ flight ____② to ____① will be closed at ____⑤：____⑥ Passengers who have not been checked in for this flight, please go to counter No. ____③ immediately.

Thank you.

④过站旅客办理乘机手续通知

乘坐〔补班〕⑩____②次航班由____①经本站前往____①的旅客请注意：

请您持原登机牌到〔____③号〕⑩〈1. 柜台　2. 服务台　3. 问询台〉⑪换取过站登机牌。

谢谢！

Passengers taking 〔supplementary〕⑩ flight ____② from ____① to ____①, attention please：

Please go to the 〈1. Counter　2. service counter　3. Information desk〉⑪〔NO. ____③〕⑩ to exchange your boarding passes for transit passes.

Thank you.

⑤候补旅客办理乘机手续通知

持〔补班〕⑩____②次航班候补票前往____①的旅客请注意：

请马上到____③号柜台办理乘机手续。

谢谢！

Ladies and gentlemen, may I have your attention please:
Stand - by passengers for〔supplementary〕⑩flight ____② to ____①, please go to counter No. ____③ for check - in.

Thank you.

（2）登机类广播用语包括三种

①正常登机通知

〔由____①备降本站〕⑩前往____①的旅客请注意：

您乘坐的〔补班〕⑩____②次航班现在开始登机。请带好您的随身物品，出示登机牌，由____④号登机口上〔____⑧号〕⑩飞机。〔祝您旅途愉快。〕⑩

谢谢！

Ladies and Gentlemen, may I have your attention please:
〔Supplementary〕⑩flight ____②〔alternated from ____①〕to ____① is now boarding. Would you please have your belongings and boarding passes ready and board the aircraft〔No. ____⑧〕⑩ through gate NO. ____④.〔We wish you a pleasant journey.〕⑩

Thank you.

②催促登机通知

〔由____①备降本站〕⑩前往____①的旅客请注意：

您乘坐的〔补班〕⑩____②次航班很快就要起飞了，还没有登机的旅客请马上由____④号登机口上〔____⑧号〕⑩飞机。〔这是〔补班〕⑩____②次航班〈1.第____⑦次 2.最后一次〉⑪登机广播。〕⑩

谢谢！

Ladies and gentlemen, may I have you attention please:
〔supplementary〕⑩flight ____② to ____①〔alternated from ____①〕⑩ will take off soon. Please be quick to board the aircraft〔No. ____⑧〕⑩through gate No. ____④.〔This is the〈1.____⑦ 2. final〉⑪call for boarding on〔supplementary〕⑩flight ____②.〕⑩

Thank you.

③过站旅客登机通知

前往____①的旅客请注意：

您乘坐的〔补班〕⑩____②次航班现在开始登机，请过站旅客出示过站登机牌，由____④号登机口先上〔____⑧号〕⑩飞机。

谢谢！

Ladies and gentlemen, may I have your attention please:

〔Supplementary〕⑩ flight ____② to ____① is now ready for boarding. Transit passengers please show your passes and board 〔aircraft No. ____⑧〕⑩ first through No. ____④.

Thank you.

(3)航班延误取消类广播用语包括四种

①航班延误通知

〔由_____①备降本站〕⑩前往_____①的旅客请注意：

我们抱歉地通知，您乘坐的〔补班〕⑩_____②次航班由于〈1.本站天气不够飞行标准 2.航路天气不够飞行标准 3._____①天气不够飞行标准 4.飞机调配原因 5.飞机机械原因 6.飞机在本站出现机械故障 7.飞机在_____①机场出现机械故障 8.航行管制原因 9._____①机场关闭 10.通信原因〉⑪〈1.不能按时起飞 2.将继续延误 3.现在不能从本站起飞〉⑪，起飞时间〈1.待定 2.推迟到_____⑤点_____⑥分〉⑪。在此我们深表歉意，请您在候机厅休息，等候通知。〔如果您有什么要求，请与〔____③号〕⑩〈1.不正常航班服务台 2.服务台 3.问询台〉⑪工作人员联系。〕⑩

谢谢！

Ladies and gentlemen, may I have your attention please:

We regret to announce that 〔supplementary〕⑩ flight ____② 〔alternated from ____① to ____①〕 〈1. can not leave on schedule 2. Will be delayed to ____⑤:____⑥ 3. Will be further delayed 〔to ____⑤:____⑥〕⑩ 4. can not take off now 〉⑪ due to 〈1. The poor weather condition at out airport 2. the poor weather condition over the air route 3. The poor weather condition at ____① airport 4. aircraft reallocation 5. the maintenance of the ____① airport 8. Air traffic congestion 9. the close-down of ____① airport 10. communication trouble 〉⑪. Would you please remain in the waiting hall and wait for further information. 〔If you have any problems or questions, please contact with the 〈1. Irregular flight service counter 2. service counter 3. Information desk 〉⑪ 〔No. ____③〕⑩〕

Thank you.

②所有始发航班延误通知

各位旅客请注意：

我们抱歉地通知，由于〈1.本站天气原因 2.本站暂时关闭 3.通信原因〉⑪，由本站始发的所有航班都〈1.不能按时 2.将延误到_____⑤点_____⑥分以后〉⑪起飞，在此我们深表歉意，请您在候机厅内休息，等候通知。

谢谢！

Ladies and gentlemen, may I have your attention please:

We regret to announce that all outbound flights 〈1. can not leave on schedule 2. Will be delayed to ____⑤:____⑥ 〉⑪ due to 〈1. the poor weather condition at our airport 2. the temporary close-down of our airport 3. Communication trouble 〉⑪. Would you please remain in the waiting hall and wait for further information.

Thank you.

③航班取消通知(出港类)

〔由____①备降本站〕⑩前往____①的旅客请注意:

我们抱歉地通知,您乘坐的〔补班〕⑩____②次航班由于〈1.本站天气不够飞行标准 2.航路天气不够飞行标准 3.____①天气不够飞行标准 4.飞机调配原因 5.飞机机械原因 6.飞机在本站出现机械故障 7.飞机在____①机场出现机械故障 8.航行管制原因 9.____①机场关闭 10.通信原因〕⑩决定取消今日飞行,〈1.明日补班时间 2.请您改乘〈1.今日 2.明日〕⑩〔补班〕⑩____②次航班,起飞时间〉⑪〈1.待定 2.为____⑤点____⑥分〉⑪。在此我们深表歉意。〔请您与〔____③号〕⑩〈1.不正常航班服务台 2.服务台 3.问询台〕⑪工作人员联系,〔或拨打联系电话____⑨,〕〕⑩我们将为您妥善安排。

谢谢!

Ladies and Gentlemen, may I have your attention please:

We regret to announce that 〔supplementary〕⑩ flight ____② 〔alternated from ____①〕⑩ to ____① has been cancelled due to 〈1. the poor weather condition at our airport 2. the poor weather condition over the air route 3. the poor weather condition at the ____① airport 4. aircraft reallocation 5. the maintenance of the aircraft 6. the aircraft maintenance at our airport 7. the aircraft maintenance at the ____① airport 8. air traffic congestion 9. the close–down of ____① airport 10. communication trouble 〉⑪ 〔supplementary〕⑩ flight ____②〉⑪ 〔to tomorrow〕⑩ 〔at ____⑤ : ____⑥〕⑪. 〔Would you please contact with 〈1. irregular flight service counter 2. service counter 3. information desk〉⑪ 〔No. ____③〕⑩. or call ____⑨.〕〕⑩ We will make all necessary arrangements.

Thank you.

④不正常航班服务通知

〔由____①备降本站〕⑩乘坐〔补班〕⑩____②次航班前往____①的旅客请注意:

请您到〈1.服务台 2.餐厅〕⑪凭〈1.登机牌 2.飞机票〕⑪领取〈1.餐券 2.餐盒 3.饮料、点心〉⑪。

谢谢!

Passengers for 〔supplementary〕⑩ flight ____② 〔alternated from ____①〕⑩ to ____①, attention please:

Please go to 〈1. servce counter 2. restaurant〉⑪ to get 〈1. a meal coupon 2. a meal box 3. therefreshments〉⑪ and show your 〈1. boarding passes 2. Air–tickets〉⑪ for identification.

Thank you.

2.进港类广播用语包括五种

(1)正常航班预告

迎接旅客的各位请注意:

由____①〔____①〕⑩飞来本站的〔补班〕⑩____②次航班将于____⑤点____⑥分到达。

谢谢!

Ladies and Gentlemen, may I have your attention please:

[Supplementary]⑩ flight ____② from ____①[、____①]⑩ will arrive here at ____⑤:____⑥.

Thank you.

(2)延误航班预告

迎接旅客的各位请注意:

我们抱歉地通知,由____①[、____①]⑩飞来本站的[补班]⑩____②次航班由于〈1.本站天气不够飞行标准　2.航路天气不够飞行标准　3.____①天气不够飞行标准　4.飞机调配原因　5.飞机机械原因　6.飞机____①机场出现机械故障　7.航行管制原因　8.____①机场关闭　9.通信原因〉⑪〈1.不能按时到达　2.将继续延误〉⑪,〈1.预计到达本站的时间为____⑤点____⑥分　2.到达本站的时间待定〉⑪。

谢谢!

Ladies and Gentlemen, may I have your attention please:

We regret to announce that [supplementary]⑩ flight ____② from ____①[、____①]⑩〈1. can not arrive on schedule　2. will be deleyed to ____⑤:____⑥　3. will be further delayed [to ____⑤:____⑥]⑩〉due to〈1. The poor weather condition at our airport　2. the poor weather condition over the air route　3. the poor weather condition at ____① airport　4. aircraft reallocation　5. the maintenance of the aircraft　6. the aircraft maintenance at the ____① airport　7. air traffic congestion　8. the close-down of ____① airport　9. communication trouble〉⑪.

Thank you.

(3)航班取消通知(进港类)

迎接旅客的各位请注意:

我们抱歉地通知,由____①[、____①]⑩飞来本站的[补班]⑩____②次航班由于〈1.本场天气不够飞行标准　2.航路天气不够飞行标准　3.____①天气不够飞行标准　4.飞机调配原因　5.飞机机械原因　6.飞机在____①机场出现机械故障　7.航行管制原因　8.____①机场关闭　9.通信原因〉⑪已经取消。[〈1.明天预计到达本站的时间为____⑤点____⑥分　2.明天到达本站的时间待定〉⑪。]⑩

谢谢!

Ladies and Gentlemen, may I have your attention please:

We regret to announce that [supplementary]⑩ flight ____② from ____①[、____①]⑩ has been cancelled due to〈1. the poor weather condition at our airport　2. the poor weather condition over the air route　3. the poor weather condition at ____① airport　4. aircraft reallocation　5. the maintenance of the aircraft　6. the aircraft maintenance at the ____① airport　7. air traffic congestion　8. the close-down of ____① airport　9. communication trouble〉⑪.[This flight has been recsheduled to〈1. tomorrow at ____⑤:____⑥　2. arrive〉⑪.]⑩

Thank you.

(4) 航班到达通知

迎接旅客的各位请注意：

由____①〔、____①〕⑩飞来本站的〔补班〕⑩____②次航班已经到达。

谢谢！

Ladies and Gentlemen, may I have your attention please:

〔supplementary〕⑩ flight ____② from ____①〔、____①〕⑩ is now landing.

Thank you.

(5) 备降航班到达通知

由____①备降本站前往____①的旅客请注意：

欢迎您来到____①机场。您乘坐的〔补班〕⑩____②次航班由于〈1. ____①天气不够飞行标准 2. 航路天气不够飞行标准 3. 飞机机械原因 4. 航行管制原因 5. ____①机场关闭〉不能按时飞往____①机场，为了您的安全，飞机备降本站。〔请您在候机厅内休息，等候通知。如果您有什么要求，请与〔____③号〕⑩〈1. 不正常航班服务台 2. 服务台 3. 问询台〉⑪工作人员联系。〕⑩

谢谢！

Passengers taking 〔supplementary〕⑩ flight ____⑧ from ____① to ____①, attention please:

Welcome to ____① airport. Due to 〈1. the poor weather condition at ____① airport 2. the poor weather condition over the air rout 3. the maintenance of the aircraft 4. Air traffic congestion 5. the close-down of ____① airport〉⑪, your flight has been diverted in our airport for your security. 〔Would you please in the waiting hall and wait for further information. If you have any problems or questions, please contact with the 〈1. irregular flight service counter 2. service counter 3. Information desk〉⑪〔NO. ____③〕⑩〕⑩.

Thank you.

3. 例行类、临时类广播用语的说明

(1) 各机场根据具体情况组织例行类广播，并保持与民航总局等有关部门的规定一致。

(2) 各机场根据实际情况安排临时类广播。当采用临时广播来完成航班信息类播音中未能包含的特殊航班信息通知时，其用语应与相近内容的格式一致。

五、候机楼公共信息标志服务

(一) 楼内标志系统

1. 基本规范

清晰、醒目、系统性、人性化、中英文对照，符合 GB/T 10001《标志用公共信息图形符号第1部分：通用符号》、MH/T0012《民用航空公共信息图形标志设置原则与要求》和 MH 0005《民用航空公共信息标志用图形符号》的规定。

2. 数量

保证具有连续引导的作用,旅客沿标志顺畅到达目的地。

3. 导向系统

(1)平面布置图:设在航站楼入口等区域。

(2)导流图:可设置安全疏散指示图。

(3)导向标志:a.设在有衔接、交叉等重要位置上或之前;

b.距离很长或情况复杂时以适当间隔重复;

c.宜与视觉方向(行走方向)成恰当角度;

d.能促进航站楼前进出机场的旅客分流。

(4)位置标志:设在目标之上或附近;含有导向标志已使用的符号或文字。

(5)指示标志:设在目标之上或附近;含有导向标志已使用的符号或文字。

4. 颜色

符合 GB/T 10001《标志用公共信息图形符号第 1 部分:通用符号》、GB 2893《安全色》、GB 13495《消防安全标志》、MH/T0012《民用航空公共信息图形标志设置原则与要求》和 MH 0005《民用航空公共信息标志用图形符号》的规定。

5. 高度

一般要求:宜设置在与旅客视觉正常方向的中心线偏移 5°~15°的范围内。

墙上导向标志:天花板上标志。

天花板上标志:下边缘与地板间的垂直距离(最大净空)为 2.2 米。

位置标志:设置在水平视线的高度;最小设置高度为 2 米;可悬挂或与墙面垂直设置。

(二)候机楼警示标志

航站楼基础设施、服务设备有相应的警示标识,清晰、规范、人性化。

(三)无障碍标志

1. 标志规范

在显著的位置安装或画出无障碍标志牌/图案,中英文对照,符合 MH 5062《民用机场旅客航站区无障碍设施设备配置标准》的规定。

2. 规格

不同地点和位置分别为 100×100mm 至 450×450mm 的正方形。

3. 颜色

a. 轮椅图案和边缘为黑色,衬底为白色;

b. 轮椅图案和边缘为白色时,衬底为黑色。

4. 文字说明/指示方向

颜色和衬底形成明显对比;向左指引时,轮椅则朝向左方。

民用航空公共信息标志用图形符号

图形符号	名称	说明
	飞机 Airport MH 0005－1997	表示民用飞机场或提供民航服务 用于公共场所、建筑物、服务设施、方向指示牌、平面布置图、信息板、时刻表、出版物等 ISO 7001：1990（022）
	直升机 Helicopter MH 0005－1997	引用 GB10001－94（04）直升机场 表示直升机运输设施 idt ISO 7001：1990（003）
	方向 Direction MH 0005－1997	表示方向 用于公共场所、建筑物、服务设施、方向指示牌、出版物等 符号方向视具体情况设置 ISO 7001：1990（001） 引用 GB 10001－1994（18）
	入口 Entry MH 0005－1997	表示入口位置或指明进去的通道 用于公共场所、建筑物、服务设施、方向指示牌、平面布置图、运输工具、出版物等 设置时可根据具体情况改变符号的方向 ISO7001：1990（026） 引用 GB10001－94（19）
	出口 Exit MH 0005－1997	表示出口位置或指明出口的通道 用于公共场所、建筑物、服务设施、方向指示牌、平面布置图、运输工具、出版物等 设置时可根据具体情况改变符号的方向 ISO7001：1990（027） 引用 GB10001－9994（20）
	楼梯 Stairs MH 0005－1997	表示上下共用的楼梯，不表示自动扶梯 用于公共场所、建筑物、服务设施、方向指示牌、平面布置图、出版物等 设置时可根据具体情况将符号改为其镜像 ISO7001：1990（011） 引用 GB10001－1994（22）

续表

图示	名称	说明
	上楼楼梯 Stairs Up MH 0005-1997	表示仅允许上楼的楼梯。不表示自动扶梯 用于公共场所、建筑物、服务设施、方向指示牌、平面布置图、出版物等 设置时可根据具体情况将符号改为其镜像
	下楼楼梯 Stairs Down MH 0005-1997	表示仅允许下楼的楼梯。不表示自动扶梯 用于公共场所、建筑物、服务设施、方向指示牌、平面布置图、出版物等 设置时可根据具体情况将符号改为其镜像
	向上自动扶梯 Escalators Up MH 0005-1997	表示供人们使用的上行自动扶梯 设置时可根据具体情况将符号改为其镜像
	向下自动扶梯 Escalators Down MH 0005-1997	表示供人们使用的下行自动扶梯 设置时可根据具体情况将符号改为其镜像
	水平步道 Moving Walkway MH 0005-1997	表示供人们使用的水平运行的自动扶梯
	电梯 Elevator；Lift MH 0005-1997	表示公用的垂直升降电梯 用于公共场所、建筑物、服务设施、方向指示牌、平面布置图、出版物等 ISO 7001：1990(021) 引用 GB 10001-1994(26)

续表

图形	名称	说明
	残疾人电梯 Elevator for Handicapped Persons MH 0005－1997	表示供残疾人使用的电梯
	残疾人 Access for Handicapped Persons MH 0005－1997	表示残疾人专用设施
	洗手间 Toilets MH 0005－1997	表示有供男女使用的漱洗设施 根据具体情况，男女图形位置可以互换
	男性 Male MH 0005－1997	表示专供男性使用的设施，如男厕所、男浴室等 用于公共场所、建筑物、服务设施、方向指示牌、平面布置图、运输工具、出版物等 ISO 7001：1990(1006) 引用 GB10001－1994(29)
	女性 Female MH 0005－1997	表示专供女性使用的设施，如女厕所、女浴室等 用于公共场所、建筑物、服务设施、方向指示牌、平面布置图、运输工具、出版物等 eqv ISO：1990(007) 引用 GB10001－1994(30)
	问询 Information MH 0005－1997	表示提供问询服务的场所 用于公共场所、建筑物、服务设施、方向指示牌、平面布置图、运输工具、出版物等 引用 GB 10001－1994(41)

续表

图标	名称	说明
	售票 Ticketing MH 0005-1997	表示出售飞机票、候补机票、汽车票的场所 idt ISO 7001：1990(050)
	办理乘机手续 Check-in MH 0005-1997	表示旅客办理登机卡和交运手提行李等乘机手续的场所
	出发 Departures MH 0005-1997	表示旅客离港及送客的地点 设置时可根据具体情况将符号改为其镜像
	到达 Arrivals MH 0005-1997	表示旅客到达及接客的地点 设置时可根据具体情况将符号改为其镜像
	中转联程 Connecting Flights MH 0005-1997	表示持联程客票的旅客办理中转手续、候机场所 idt ICAO Doc. 9430-C/1080(23)
	托运行李检查 Baggage Check MH 0005-1997	表示对登机旅客交运的行李进行检查的场所

续表

	安全检查 Security Check MH 0005－1997	表示对乘机旅客进行安全检查的通道
	行李提取 Baggage Claim Area MH 0005－1997	表示到达旅客提取交运行李的场所
	行李查询 Baggage Inquiries MH 0005－1997	表示机场、宾馆帮助旅客查找行李的场所 （不代表失物招领）
	卫生检疫 Quarantine MH 0005－1997	表示由口岸卫生检疫机关对出入境人员、交通工具、货物、行李、邮包和食品实施检疫查验、传染病监测、卫生监督、卫生检验的场所
	边防检查 Immigration MH 0005－1997	（护照检查） 表示对涉外旅客进行边防护照检查的场所
	动植物检疫 Animal and Plant Quarantine MH 0005－1997	表示由口岸动植物检疫机关对输入、输出和过境动植物及其产品和其他检疫物实施检疫的场所

续表

图标	名称	说明
	海关 Customs MH 0005－1997	表示进行海关检查的场所
	绿色通道 Green Channel MH 0005－1997	（无申报物品 Nothing to Declare） 表示对通过海关的旅客所携带的部分行李进行检查的通道
	候机厅 Waiting Hall MH 0005－1997	表示供人们休息、等候的场所、如车站的候车室、机场的候机厅、医院的候诊室等用于公共场所、建筑物、服务设施、方向指示牌、平面布置图、出版物等 ISO7001：1990（013） 引用 GB－10001－1994（10）
	头等舱候机室 First Class Lounge MH 0005－1997	表示持头等舱客票的旅客候机的场所
	贵宾候机室 VIP Lounge MH 0005－1997	表示贵宾或重要旅客候机的场所
	登机口 Gate MH 0005－1997	表示登机的通道口 根据具体需要变换数字

续表

图标	名称	说明
	行李手推车 Baggage Cart MH 0005－1997	表示供旅客使用的行李手推车的存放地点 用于公共场所、建筑物、服务设施、方向指示牌、平面布置图、信息板、出版物等 引用 GB 10001－1994(47)
	育婴室 Nursery MH 0005－1997	表示带婴儿旅客等候的专用场所 idt ICAO Doc.9430－C/1080(65)
	商店 Shopping Area MH 0005－1997	表示出售各种商品的商店或小卖部
	电报 Telegrafns MH 0005－1997	表示有电讯业务的场所 idt ICAO Doc.9430－C/1080(45)
	结账 Settle Accounts MH 0005－1997	表示用现金或支票进行结算的场所。如售票付款处、超重行李付款处及宾馆、饭店的前台结账处、商场等场所的付款处等 用于公共场所、建筑物、服务设施、方向指示牌、平面布置图、出版物等 引用 GB10001－1994(43)
	宾馆服务 Hotel Service MH 0005－1997	表示查询、预订旅社、饭店的场所 idt ISO 7001：1990(030)

续表

	租车服务 Car Hire MH 0005－1997	表示提供旅客租车服务的场所
	地铁 Subway Station MH 0005－1997	表示地铁车站及设施
	停车场 Parking Lot MH 0005－1997	表示停放机动车辆的场所
	航空货运 Air Freight MH 0005－1997	表示办理航空货运的场所
	货物检查 Freight Check MH 0005－1997	表示机场货运处对托运货物进行安全检查的场所
	货物交运 Freight Check－in MH 0005－1997	表示交运货物的场所 设置时可根据具体情况改为其镜像
	货物提取 Freight Claim MH 0005－1997	表示领取托运货物的场所 设置时可根据具体情况改为其镜像

续表

	货物查询 Freight Inquiries MH 0005 - 1997	表示机场帮助货主查找货物的场所
	旅客止步 Passenger No Entry MH 0005 - 1997	表示非工作人员在此止步
	禁止吸烟 No Smoking MH 0005 - 1997	表示该场所不允许吸烟
	禁止携带托运武器及仿真武器 Carrying Weapons and Emulating Weapons Prohibyted MH 0005 - 1997	表示禁止携带和托运武器、凶器及仿真武器 本符号不能单独使用，使用方法见 MH/T 0012idt ICAO Doc.9430 - C/1080(77)
	禁止携带托运易燃及易爆物品 Carrying Flammable, Explosive Materials Prohibited MH 0005 - 1997	表示禁止携带和托运易燃、易爆及其他危险品 本符号不能单独使用，使用方法见 MH/T 00128
	禁止携带托运剧毒物品及有害液体 Carrying Poison Materials, Harmful Liquid Prohibite MH 0005 - 1997	简介： 禁止携带托运剧毒物品及有害液体 表示禁止携带和托运剧毒物品、有害液体物品 本符号不能单独使用，使用方法见 MH/T 0012
	禁止携带托运放射性及磁性物品 Carrying Radioactive, Magnetic Materials ProhIBITEd MH 0005 - 1997	表示禁止携带和托运放射性物质和超过规定的磁性物质本符号不能单独使用，使用方法见 MH/T0012

实训任务

请与你的团队成员紧密合作，在老师的指导下，应用所学到的知识，利用网络调研、资料收集或者实地访谈等形式，对以下案例进行分析型学习。

◆ **实训准备**

组建 3-5 人规模的项目团队，建议团队中应包含男性和女性，名额以单数为好，以便处理意见分歧。

准备签字笔、记录本，有条件的话，准备相机和录音笔。

编制分析提纲，可以依据所学的候机楼通用服务的相关知识。

◆ **实训案例**

案例一　能找回我的眼镜吗？

在某候机楼问询处，韩先生向问询员询问如何找回前两天丢失在某航班上的眼镜，问询员态度生硬地答道："你的东西一定找不到了。"韩先生说："我不是让您找，而是咨询如何找到的方法，因为那个眼镜对我来说非常重要。"问询员又说："我还没有遇到这样的事，不知道怎么找。"当这位问询员发现旅客不满时才说："对不起先生，刚才我说错了话，请原谅。但眼镜在我们这不值钱，一般也不交回失物招领处。"这致使旅客放弃对眼镜的寻找，反而投诉乘务员的工作态度。

案例二　旅客怎么打起来了？

北京某航空公司问询处，有一位老人家向问询员询问，拐杖能否带上飞机。由于该问询员刚上岗，不太清楚，就向旁边的同事询问，然而在说话的过程中，她错误地使用了"老头"这一称谓，在一旁的旅客听了非常不舒服，于是向该问询员提出抗议，问询员随即向该旅客表示了歉意，旅客也没有表示异议，事情本该到此结束。可这位问询员却自作聪明地解释："老头，在北京话中也不是不尊重，我没有其他意思。我也不容易，现在还在发烧……"该问询员的话还没有说完，就被周围一批刚经历了"非典"的旅客的愤怒和惊恐打断了。他们一听到发烧就本能地联系到"非典"，他们觉得航空公司让发烧的工作人员为他们服务，是对他们生命的藐视，他们要航空公司给说法。一时间，候机楼一片混乱，不管问询员怎么解释都无济于事，随后，周围的旅客与问询员争执了起来，继而发展到双方动手的地步，直到机场警务人员来了才把事情控制下来。

分析步骤

第一步：明确所分析的案例与已学课程的哪些内容相联系，并找出该案例中的关键问题，以确定能应用的工作规范和分析的依据。

第二步：察觉和判断出在案例中并未明确提出、也未有任何暗示的关键问题。

第三步：认真思考，找出案例的整个事件中的主次关系，并作为逻辑分析的依据。

第四步：确定所要采取的分析类型和扮演的角色。

◆ **实训结束**

实训总结分工。

制作汇报 PPT。

演讲汇报。

修改思路,完成《案例分析型学习报告》。

教师和企业专家共同评分。

课后练习

1. 候机楼问询工作的主要职责是什么?
2. 什么是首问责任制?
3. 熟悉《中国民用航空旅客、行李国内运输规则》。

学习资源

◆ **文献类**

[1] 赵志华.虹桥机场候机楼陆侧交通组织调整实施方案研究[J].上海空港,2008,(08)

[2] 吴泳刚.香港机场快线对内地机场轨道的启示[J].交通企业管理,2011,(10)

[3] 李一鸣.机场地面交通案例研究及对首都机场的启示[J].综合运输,2008,(10)

◆ **视频类**

东莞城市候机楼一站式航空服务.http://v.youku.com/v_show/id_XNjEwODk2MTM2.htm

候机楼的守望者.http://v.youku.com/v_show/id_XMTAwMjQ1ODMy.html

项目三　旅客订座与客票销售

学习目的

1. 了解客票的一般规定
2. 掌握代理人分销系统操作指令

案例引入

携程旅行网发布了国内首份《机票预订体验调研报告》,调研结果显示,网络订票已成为中国民航旅客预订机票的主要途径,占到81%;手机 APP 也已全面超过电话订票、代售点订票等传统渠道,成为新趋势。在选择订票网站时,77%的受访者将携程等提供"放心的服务,放心的价格"的旅行网站作为首选。售后方面,超过6成旅客希望当遇到特殊原因不能乘机时,订票网站能帮自己分担损失。

案例启示:

当前国内机票销售市场竞争激烈,旅客的维权意识也在不断增强,传统的"重价格,轻服务"的商业模式已很难为继,惟有"价格与服务并重"的预订平台/渠道,才能在竞争中脱颖而出,获得更多市场份额。

知识准备

一、客票销售一般规定

(一)客票的概念

航空旅客与承运者之间为空运旅客和行李所订合同的凭证,俗称机票或客票。客票只限客票上所列姓名的旅客本人使用。客票不得转让或涂改,经转让或涂改的客票无效。

航空客票的主要内容有:旅客姓名、全航程(包括出发地、经停点、目的地以及不同航程、不同承运人)、航班号、客票等级、乘机日期和起飞时间、行李件数和重量、票价款额、承运者的名称和地址等。此外,客票通常附有简要的旅客须知,如说明客票有效期和运输条件,国际客票还应列明适用的国际公约规定和条件等。

在国际航空运输中,各国航空运输企业为便于开展互相代理业务和进行费用结算,均采用国际航空运输协会规定的、统一格式的本册式航空客票。这种客票是由会计联、出票者联、若干张乘机联和旅客联组成,各联以纸张颜色不同相区别。会计联备财务部门审查和入账用;出票人联供售票单位存查(售票员出售客票时,撕下会计联和出票人联留存);乘机联是旅客在指定地点搭乘飞机的凭证,在登机前交候机室值机服务柜台,换取登机证;旅客联由旅客收执,用作支付票款的报销凭证。每本客票内乘机联的数量是根据旅客航程情况确定的。全航程中不同的航班,中途分程的航段,客舱等级不同的航段,订座情况不同的航段,都要分别单用一张乘机联。一本客票内的乘机联不够用时,可以补加顺序号相衔接,乘机联张数相同的一本或一本以上客票连续使用。有的国家为国际客票和国内客票规定不同的式样。

目前世界上大部分航空公司提供"电子客票",有时也叫"无纸化客票"。所谓电子客票实际是普通纸质机票的一种电子映象。纸质机票将相关信息打印在专门的机票上,而电子客票则将票面信息存储在订座系统中。由于原来纸制机票上的信息全部被保存在系统中,因此电子客票只是"无纸"而不是"无票",完全不同于无乘机联登机。1993年,世界上第一张电子客票在美国 VALUEJET 航空公司诞生,结果大获成功。2000年3月28日,南航推出了内地首张电子客票。可为旅客提供"网上订票"、"网上支付"和"电子客票"服务。

(二)客票的分类

航空客票按使用范围分为国际客票和国内客票;按旅客的航程要求分为单程客票、来回程客票和环程客票;按客舱等级主要分为一等舱客票和普通舱(或称经济舱)客票;按客票的票价分全价客票、折扣价客票(如季节性折扣客票等)、儿童客票、婴孩客票等。航空客票通常同旅客免费交运行李的行李票合在一起,故称"客票及行李票"。

"Open 票"与"OK 票":购买机票和预订座位是两个相互紧密相关,但又不可等同一概念。也就是说,旅客买机票和买火车汽车票不一样,买了票,自然也就等于买了座位。所以购买机票后,还必须预订座位。凡是确定好座位的机票,都称为"OK"票。旅客持有确定好座位的机票,即可按上边的日期和航班登机启程。"OPEN"机票是相对"OK"

机票而言的。凡是机票上没有确定起飞具体时间,即没有预订妥座位的有效机票都被称为"OPEN"票。也就是说,购买机票而未预订座位,是不能登机的。只有既购买了机票又确定妥座位才能登机。

(三)客票的有效期

客票有效期的计算,从旅行开始或填开客票之日的次日零时起至有效期满之日的次日零时为止。

普通票价的客票有效期自旅行开始之日起,一年内运输有效;如果客票全部未使用,则视为不定期客票,客票有效期从填开客票之日起,一年内运输有效。

折扣票价及特种票价的客票有效期,按照航空公司折扣票价和特种票价客票使用规定计算。

1. 客票有效期的延长

由于航空公司的原因,致使旅客未能在客票有效期内旅行,其客票有效期将延长至航空公司能够按照该客票已付票价的舱位等级提供座位的第一个航班为止:

(1)取消旅客已经定妥座位的航班;

(2)取消的航班约定经停地点中含有旅客的出发地点、目的地点;

(3)未能在合理的时间内按照班期时刻进行飞行;

(4)造成旅客已定妥座位的航班衔接错失;

(5)更换了旅客的舱位等级;

(6)未能提供事先已定妥的座位。

持普通票价客票或与普通票价客票有效期相同的折扣票价或特种票价客票的旅客未能在客票有效期内旅行,是由于航空公司在旅客定座时未能按其客票的舱位等级提供航班座位,其客票有效期可以延长至航空公司能够按照该客票已付票价的舱位等级提供座位的第一个航班为止,但延长期不得超过七天。

持与普通票价客票有效期不同的折扣票价或特殊票价的有效期按航空公司折扣票价或特殊票价客票使用规定执行。

已开始旅行的旅客在其持有的客票有效期内因病使旅行受阻时,除航空公司对所付票价另有规定外,航空公司可将该旅客的客票有效期延长至根据医生诊断证明确定该旅客适宜旅行之日为止;或延长至适宜旅行之日以后承运人能够按照该旅客已付票价的舱位等级提供座位的自恢复旅行地点起的第一个航班为止。如客票中未使用的乘机联包含一个或一个以上中途分程地点,该客票有效期的延长不能超过自该医生诊断证明出具之日起 3 个月。航空公司也可同等延长患病旅客的陪伴直系亲属的客票有效期。

如旅客在旅途中死亡,该旅客陪同人员的客票可用延长客票有效期的方法予以更改。如已开始旅行旅客的直系亲属死亡,该旅客及其陪同的直系亲属的客票也可予以更改。此种更改应在收到死亡证明书后办理,此种客票有效期的延长不得超过死亡之日起 45 日。

2. 年月日的计算

日期的计算

日期是指日历中包括星期日及节假日在内的所有的日期。

有效期的计算应不包括客票填开之日或旅行开始之日。

月的计算

月的计算是指从某月中所指定日期起按规定月数向后推算至该月的相应日期。

年的计算

年的计算是从开票或旅行之日算起至第二年的相应日期。

(四)购票证件

(1) 旅客购票须持本人有效居民身份证或有效护照或公安机关出具的其他有效身份证件。

(2) 外国人、华侨、港澳同胞、台湾同胞、外籍华人购票，须出示有效护照、回乡证、台胞证、居留证或公安机关出具的其他有效身份证件。

(3) 法定不予颁发或尚未领取居民身份证的人民解放军、人民武装警察官兵及其文职干部、离退休干部，可以使用军官证、警官证、士兵证、文职干部或离退休干部证明。

(4) 16 周岁以下未成年人购票乘机，可使用学生证、户口簿，12 周岁以下儿童出票凭户口簿，婴儿票应提供出生证。

(五)退票与变更

旅客购票后因故不能成行，可到购票处办理退票。退票时，除凭有效客票外，还要提供本人的有效身份证件，航空公司因某种原因未能按照机票上所列明的航程提供航空运输服务或旅客出于实发情况自愿放弃其已购买机票的全部或部分旅行，旅客要求退还未能他用的全部或部分客票，即为退票。旅客要求退票，除遗失客票的情形外，持有纸质客票的旅客必须凭客票未使用的全部乘机联和旅客联，方可办理退票。持有电子客票的旅客应在客票有效期内且客票未被使用时，方可办理退票。

根据退票原因的不同可分为旅客非自愿退票和旅客自愿退票两种，两种退票的处理程序不同。

1. 退票

(1) 退票受款人

当客票上列明姓名的旅客不是该客票的付款人，并且在客票上已列明了退票限制条件，可按列明的退票限制条件将票款退给付款人或其指定人。旅客退票应出示本人有效身份证件；如退票受款人不是客票上所列明的旅客本人，应出示旅客和退票受款人的有效身份证件。

(2) 退票地点

旅客非自愿退票：可在原购票地、航班始发地、经停地处终止旅行地的票证所属承运人售票处或引起非自愿退票发生地的票证所属承运人的地面服务代理人售票地点予以办理。

旅客自愿退票：若在出票地要求退票，只限在原购票地点办理；若在出票地以外的航班始发地或终止地旅客要求退票，可在当地的票证所属承运人的直属售票处办理。也可在承运人授权的代理点办理退票手续。

持个人定期客票和团体客票的旅客自愿退票,仅限在原购票地点办理。

表3-1 退票与变更的一般规定

舱位等级/票价类别		订座	OPEN	签转	改期	退票	客票有效期
F/C	F/C	允许航班起前72小时预先订座	允许	允许	免费改期	免费退票	除票价另有规定外,客票有效期自旅行开始之日起,一年内运输有效;如果客票全部未使用,则从填开客票之日起,一年内运输有效。
Y	Y						
T	Y90%		去程不允许	不允许		5%	
K	Y85%						
H	Y80%						
M	Y75%		不允许		免费更改一次,再次更改每次收取票面价10%的改期费	10%	
G	Y70%						
S	Y65%						
L	Y60%						
Q	Y55%						
E	Y50%	随订随售			每次更改收取票面价20%的改期费	30%	
V	Y45%						
R	Y40%						
	Y39%以下	随订随售	不允许	不允许	每次更改收取票面价30%的改期费	不允许	

资料来源:深圳航空退票规定。

2. 客票变更

旅客购买定期客票后出于个人原因或航空公司安排失误而要求变更乘机日期、航班、航程、座位级别或更换乘机人,称之为客票变更。

非自愿变更,由于天气、空中交通管制等无法控制或不能预见的非航空公司原因以致航班取消、提前、延误、航班改变、衔接错失或不能提供旅客原已证实的座位,变更原客票列明的航程,安排旅客乘坐其他航班和/或其他承运人的航班,将旅客运达目的地或中途分程地点,票款、逾重行李费和其他服务费用的差额多退少不补。

自愿改变舱位等级,旅客购票后,如要求改变舱位等级,航空公司及客票销售代理人应在航班有可利用座位和时间允许的条件下予以积极办理。如从较低等级的舱位变更至较高等级的舱位,需向旅客补收票款差额。如从较高等级的舱位变更至较低等级的舱位,按自愿退票处理。

改变承运人及签转,旅客非自愿改变承运人,应征得旅客及有关承运人的同意后,办理签转手续。

(六)团体旅客购票

团体旅客可以在开放的航班上申请订座,订妥座位后,应在规定或预先约定的时限内购票,否则,所订座位不予保留。团体旅客只允许整团变更,不允许个别旅客变更。团体旅客中部分成员因病要求变更,应要求旅客最迟在航班规定起飞前提出并出示县级(含)以上医疗单位的证明原件(包括诊断书原件、病历和旅客不能乘机的证明),按非自愿退票处理,免收手续费。因团体旅客中部分成员因病变更,而造成继续旅行的旅客不足十人或不符合航空公司具体产品最低成团人数,则继续旅行的旅客应补付当时开放的散客最低票价(所采用的散客最低票价须高于原客票列明的团体票价)和原付团体票价的差额,重新填开新客票。

团体旅客购票后自愿要求退票,航空公司一般在航班规定离站时间72小时(含)以前,收取客票价10%的退票费。在航班规定离站时间72小时以内至规定离站时间前一天中午12点(含)以前,收取客票价30%的退票费。在航班规定离站时间前一天中午12点以后至航班规定离站时间以前,收取客票价50%的退票费。在航班规定离站时间以后,客票作废,票款不退。持联程、来回程客票的团体旅客要求退票,分别按上述规定收取退票航段的退票费。团体客票的退票手续均在原出票地点办理。团体旅客中部分成员自愿要求退票,如乘机的旅客人数不少于该票价规定的最低团体人数时,自愿退票的部分团体旅客按上述规定处理,其他旅客可继续旅行。如乘机的旅客人数少于该票价规定的最低团体人数时,分别按下列规定办理:

(1)如客票全部未使用,应将团体旅客原付折扣票价总金额扣除乘机旅客按当时开放的散客最低票价(所采用的散客最低票价须高于原客票列明的团体票价)计算的票价总金额,再扣除上述规定的退票旅客所需支付的退票手续费,差额多退少补,并为继续乘机的旅客重新填开客票。

(2)如客票部分未使用,应将团体旅客原实付票价总金额扣除该团体已使用航段的票款后,再扣除乘机旅客按当时开放的散客最低票价(所采用的散客最低票价须高于原客票列明的团体票价)计算的未使用航段票款总金额及扣除上述规定的退票旅客所需支付的退票手续费,差额多退少补,并为继续旅行的旅客重新填开客票。团体旅客中部分成员因病要求退票,免收退票费。因团体旅客中部分成员因病退票,而造成继续旅行的旅客不足十人或不符合航空公司具体产品最低成团人数,则继续旅行的旅客应补付当时开放的散客最低票价(所采用的散客最低票价须高于原客票列明的团体票价)和原付团体票价的差额,重新填开新客票。

二、民航订座系统介绍

(一)民航代理人分销系统

"全球分销系统"GDS(Global Distribution System),是应用于民用航空运输及整个旅游业的大型计算机信息服务系统。通过GDS,遍及全球的旅游销售机构可以及时地从航空公司、旅馆、租车公司、旅游公司获取大量的与旅游相关的信息,从而为顾客提供快捷、便利、可靠的服务。

从GDS的发展过程看,GDS是由于旅游业的迅猛发展而从航空公司订座系统中分流出来的面向旅行服务的系统。如今,GDS已经发展成为服务于整个旅游业的一个产业,除了原有的航空运输业,旅馆、租车、旅游公司、铁路公司等也纷纷加入到GDS中来。经过技术与商务的不断发展,GDS已经能够为旅行者提供及时、准确、全面的信息服务,并且可以满足消费者旅行中包括交通、住宿、娱乐、支付及其他后续服务的全方位需求。

中国民航信息网络股份有限公司(简称中国航信)建成以中国民航商务数据网络为依托,订座系统[包括代理人分销系统(CRS)和航空公司订座系统(ICS)]、离港系统、货运系统三个大型主机系统为支柱的发展格局。主机系统已发展成为中国最大的主机系统集群,担负着中国民航(包括国内所有航空公司)重要的信息处理业务。

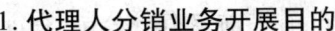

1. 代理人分销业务开展目的

（1）为航空代理商提供全球航空航班的分销功能

（2）为代理商提供非航空旅游产品的分销功能

（3）为代理商提供准确的销售数据与相关辅助决策分析结果

2. 代理人分销系统规模

（1）自1995年独立运行以来，到目前为止，代理人分销系统业务遍布中国境内296个通航城市，58个境外城市，拥有代理商5300多个，终端2万余台，合格上岗从业人员约5万人。

（2）目前该系统可以协议分销中国民航所有航空公司、非中国民航373家航空公司的航线航班（其中13家直接联结，360家间接联结）。

（3）在非航空旅游产品的分销方面，目前有297个酒店、1个租车公司、2个大型旅行社可以通过该系统进行分销。

（4）在订座系统处理的所有旅客中，约75%左右是通过该分销系统销售实现的，另外25%左右则是通过航空公司系统实现的。

3. 代理人分销系统提供的服务

（1）中国民航航班座位分销服务

（2）国外民航航班座位分销服务

（3）BSP自动出票系统服务

（4）运价系统服务

（5）常旅客系统服务

（6）机上座位预订服务

（7）各类等级的外航航班分销服务

（8）旅馆订房等非航空旅游产品分销服务

（9）旅游信息查询（TIM）系统服务

（10）订座数据统计与辅助决策分析服务

通过未来对代理人分销系统的建设，中国航信的代理人分销系统将发展成为服务于整个航空及旅游业的一个通用系统。除了原有的航空运输业外，旅馆、租车、旅游公司、铁路公司、游轮公司等的产品分销功能也将容纳到代理人分销系统中来，使中国航信的代理人分销系统能够提供一套完整的旅游服务。经过技术与商务的不断发展，中国航信的代理人分销系统将能够为旅行者提供及时、准确、全面的信息服务，满足消费者旅行中包括交通、住宿、娱乐、支付及其他后续服务的全面需求。

(二)航空公司订座系统(ICS)

航空公司订座系统是一个集中式、多航空公司的系统。每个航空公司享有自己独立的数据库、独立的用户群、独立的控制和管理方式，各种操作均可以加以个性化，包括班期、运价、可利用情况、销售控制参数等信息和一整套完备的订座功能引擎。一般情况下，ICS为中央控制的多主机系统，载有航空公司主要航班供应情况，即航空公司航班服务、时刻表、票价、供求情况及载客量资料及实际预订记录等实际记录。除航空公司、酒店及汽车出租公司外，亦有能力为其他旅行服务供应商（包括旅游公司、铁路及邮轮公司）提供供应功能及管理服务。

以中国航信公司的 ICS 为例,中国全部二十五家商营航空公司、香港航空有限公司、香港快运航空公司及澳门航空公司的机票预订管理以及航班订位、航班时刻及票价资料均依赖中航信的 ICS 提供。中央 ICS 系统支援 ETD 解决方案及服务,包括代码共享常旅客资料管理、收益管理分析及电子票。并且,中航信的 ICS 和 CRS 系统已透过 IATA 标准资料交换,与八个国际性 GDS 建立主机间连接。

三、代理人分销系统常用指令操作

(一)进入系统

订座终端线路接通后,我们便可以进入系统,进行航班信息查询及座位销售。
首先我们输入:
> $ $ OPEN TIPC3
系统显示:
SESSION PATH OPEN TO: TIPC3
这就表示已经进入了中国民航 CRS 系统。
DA 用于查看是否输入售票员工作号,以及本台终端的 PID 号。
指令格式
> DA:
举例
> DA:

A*	31833	31JAN	0732	41	NKG261
B	AVAIL				
C	AVAIL				
D	AVAIL				
E	AVAIL				

PID = 68378   HARDCOPY = 1112
TIME = 1318   DATE = 31JAN   HOST = LILY
AIRLINE = 1E   SYSTEM = CAAC09   APPLICATION = 3

【说明】
用户在日常工作中,应明确"DA"中的,"PID"项是一个重要的参数。当终端不能工作时,维护人员经常要问到终端的"PID"号。DA 中的其他内容,营业员可以忽略。

(二)输入营业员工作号(SI)

每个工作人员都应该有自己的工作号,只有输入工作号才可以正常工作。
指令格式
> SI: 工作号/ 级别/ 密码
举例
例1 工作号为61367,密码为123A,级别41 的营业员准备进入系统。
> SI: 61367/123A/41

【说明】

若正常进入,系统将显示系统注册公告信息,如:

NKG261 SIGNED IN A

正常进入后,用 DA 显示终端 20200 状态如下:

>DA

A *   31833   31JAN   0732   41   NKG261

B   AVAIL

C   AVAIL

D   AVAIL

E   AVAIL

PID = 68378   HARDCOPY = 1112

TIME = 1318   DATE = 31JAN   HOST = LILY

AIRLINE = 1E   SYSTEM = CAAC09   APPLICATION = 3

可以从系统显示上看出,工作号 61367 已于 31JAN,15:34 进入系统工作。

例 2   另外,系统还提供暗行显示。

>SI:按输入键

系统光标转到最下行,在光标后,输入工作号等(如:61367/123A/41)则可进入系统。与前者不同的是,光标后的输入是不显示的。这是系统为操作人员提供的系统保密措施。

出错信息提示:

PROT SET 密码输入错误

USER GRP 级别输入错误

PLEASE SIGN IN FIRST 请先输入工作号,再进行查询

(三)密码的修改(AN)

每一个工作号都有密码,除售票员自己外,其他人员无从得知其他人的密码。一般讲,计算机系统记录了每一个工作人员输入的内容,并且是通过其工作号记录的,换句话讲,一旦操作出现问题,将追究该工作号对应的工作人员的责任。因此,每个工作人员应注意更改密码,避免工作号被他人盗用。

密码由最多 5 个数字及 1 个字母组成,如 12345A,123B,9T 等均是有效保密号,而 123,ABC,12BB,1W2E 等均不是有效密码。

保密号的修改方法如下:

(1)进入系统,输入工作号(SI,使用原保密号,假设为 12345A);

(2)用 AN 指令进行修改;

(3)退出系统(SO);

(4)重新进入系统(SI,使用新保密号)。

指令格式

>AN:旧保密号/新保密号

举例

例 1   假定有工作号 61367,原保密号为 123A,现欲改为 1367A。

1. 进入系统：>SI :61367/123A/41
2. 用 AN 指令进行修改：>AN :123A/1367A
3. 退出系统：>SO
4. 重新进入系统(SI，使用新保密号)：SI: 61367/1367A/41

可以看出，在下次再进入系统时，已改为新保密号 1367A。

(四) 临时退出系统(AO)

在某些情况下，售票员临时离开系统，需要将工作号退出来，可用 AO 功能。

指令格式

>AO：

举例

例1　假设工作员 11111 已在终端 20200 上进入系统。

A ＊　　　31833　　24JUL　　0732　　41 NKG261
B　　　　AVAIL
C　　　　AVAIL
D　　　　AVAIL
E　　　　AVAIL
PID = 68378　　HARDCOPY = 1112
TIME = 1318　　DATE = 24JUL　　HOST = LILY
AIRLINE = 1E　　SYSTEM = CAAC09　　APPLICATION = 3

现工作员欲临时退出，键入：

>AO：

系统显示"AGENT A – OUT"，表示临时退出成功。

完成后，再用 DA 显示 PID 68378 状态，如下：

>DA：

A　　　31833　　24JUL　　0732　　41 NKG261　　"＊"号消失，表示临时退出工作区
B　　　　AVAIL
C　　　　AVAIL
D　　　　AVAIL
E　　　　AVAIL
PID = 68378　　HARDCOPY = 1112
TIME = 1318　　DATE = 24JUL　　HOST = LILY
AIRLINE = 1E　　SYSTEM = CAAC09　　APPLICATION = 3

【说明】

比较两者的 DA 显示，可发现在输入 AO 以后，A 工作区的活动标识 ＊ 号没有了，这说明在输入 AO 以后，A 区已由活动区变为非活动区。这时如进行航班查询等工作，系统将显示："PLEASE SIGN IN FIRST"，意思是要求工作员重新进入系统。

(五) 恢复临时退出(AI)

当售票员在临时退出系统以后，需要重新进入工作。上面讲过，要用恢复临时退出的系

统功能,即 AI 功能。

该功能格式如下:

>AI:工作区/工作号/保密号

例 1　接上例,假设 PID 68378 工作员 31833（保密号 123A）已临时退出系统,DA20200 显示如下。

A　　　　31833　　24JUL　　0732　　41 NKG261
B　　　　AVAIL
C　　　　AVAIL
D　　　　AVAIL
E　　　　AVAIL
PID = 68378　　HARDCOPY = 1112
TIME = 1318　　DATE = 24JUL　　HOST = LILY
AIRLINE = 1E　　SYSTEM = CAAC09　　APPLICATION = 3

现工作员欲重新进入系统,必须键入如下命令:

>AI:A/31833/123A

其中,A 表示工作区 A;31833 是工作号;123A 是保密号。

如果输入正确,系统将显示:"AGENT A – IN",表示重新注册成功,再用 DA 观察 PID 68378

>DA:

A *　　　31833　　24JUL　　0732　　41　　NKG261　　*活动工作区的标志
B　　　　AVAIL
C　　　　AVAIL
D　　　　AVAIL
E　　　　AVAIL
PID = 68378　　HARDCOPY = 1112
TIME = 1318　　DATE = 24JUL　　HOST = LILY
AIRLINE = 1E　　SYSTEM = CAAC09　　APPLICATION = 3

有了终端和工作号,我们就可以进入系统工作了。在进入系统之前,我们先学会了解系统状态,通过 DA 功能可以实现。

(六)退出系统(SO)

当工作人员结束正常工作时,须将工作号退出系统以防被人盗用。这项工作可用 SO 指令完成。

举例

例 1　接上例,我们将工作号退出系统。

>SO:

若正常,系统显示:

"BJS216 11111 SIGNED OUT A"

表示 BJS999 工作号 31833 从 A 工作区退出(SIGNED OUT),这时再看 PID68378 状态。

```
>DA：
A       31833      31JAN     0732     41 NKG261
B       AVAIL
C       AVAIL
D       AVAIL
E       AVAIL
PID = 68378      HARDCOPY = 1112
TIME = 1318      DATE = 31JAN      HOST = LILY
AIRLINE = 1E     SYSTEM = CAAC09   APPLICATION = 3
```

【说明】

1. 工作号 31833 已从 A 工作区中退出；

2. 在有时退号时，系统显示其他内容，而不让退号，这表明该工作号在退号时，有其他未完成工作必须完成，见出错信息提示；

3. 代理人系统在北京时间 0:00、06:00、12:00、18:00 对世界各地不同时区的终端进行自动退号，对中国大陆地区代理人讲，只在北京时间 0:00 自动退号。

出错信息提示：

PENDING 表示有未完成的旅客订座 PNR，在退号前必须完成或放弃它

TICKET PRINTER IN USE 表示未退出打票机的控制，退出后即可

QUEUE PENDING 表示未处理完信箱中的 QUEUE，QDE 或 QNE

PROFILE PENDING 表示未处理完常旅客的订座，PSS：ALL 处理

(七) 工作号 终端号 部门代号简介

在代理人系统中，中国航信的工作人员要把代理人的信息建立在 CRS 系统中，如部门代号(OFFICE)，这个部门中的终端 PID、打票机、工作人员号，以及该代理人得到授权的航空公司等信息。

(1) 一个代理人通常有一个部门代号(OFFICE)，如 BJS191、DLC160；

(2) 一个部门中可以有多台终端，而每一台终端只能属于一个部门；

(3) 同一个部门中的终端可以共享打票机；

(4) 每台终端或打票机都有唯一的一个 PID；

(5) 每个工作号包括密码、级别等内容，在 CRS 系统中，所有营业员工作号的级别都是 41；

(6) 每个工作号只能在自己部门(OFFICE)中使用。

(八) 座位可利用情况显示 AV

AV 指令用于查询航班座位可利用情况，及其相关航班信息，如航班号、舱位、起飞到达时间、经停点等，是一个非常重要的指令。

指令格式

AV：选择项/城市对/日期/起飞时间/航空公司代码/经停标识/座位等级

【格式说明】

1. 选择项有：

P 显示结果按照起飞时间先后顺序排列

A 显示结果按照到达时间先后顺序排列

E 显示结果按照飞行时间由短到长排列

不选，默认为 P

2. 城市为必选项，其余为可选项

下面以具体的实例说明 AV 指令的输入和输出：

（1）指定日期的航班信息查询

例 1　　AV：CTUPEK/10OCT

（2）指定日期及航空公司的航班信息查询

例 2　　AV：CTUPEK/15OCT/CA

（3）指定日期的某一时间之后的航班信息查询

例 3　　AV：PVGHKH/10DEC/1100

（4）指定日期的某一时间之后某航空公司的航班信息查询

例 4　　AV：SHACTU/10DEC/1100/SZ

（5）指定日期及到达机场的航班信息查询

例 5　　AV：PEKPVG/11DEC

（6）在已有 AV 显示的前提下显示回程航班座位情况

例 6　　AV：RA/21DEC

（7）显示指定日期某航班的所有舱位

例 7　　AV：CA983/1DEC

（8）显示指定日期飞行时间最短的航班

例 8　　AV：E/PEKCAN/1DEC

（9）显示指定日期直达航班

例 9　　AV：PEKFRA/1DEC/D

（10）指定日期无经停的航班信息显示

例 10　　AV：SHAFRA/4DEC/N

（11）指定 GDS 的航班信息显示

例 11　　AV：LONFRA/5DEC/1A

（九）最早可利用航班的显示 FV

FV 功能提供了最早有座位的航班信息，它显示的内容与 AV 相似。它会对选定日期以后的航班进行检索，直到找到最早可提供座位的航班。该指令只能查询中国民航航班信息。

指令格式

FV：选择项 / 城市对 / 日期 / 起飞时间 / 座位数 / 航空公司 / 舱位

【格式说明】

1. 选择项：

P 显示结果按照起飞时间先后顺序排列

A 显示结果按照到达时间先后顺序排列

E 显示结果按照飞行时间由短到长排列

不选,默认为 P

2. 城市为必选项,其余为可选项

下面是具体的实例说明 FV 指令的输入和输出:

(1) 指定日期最早有座位的航班信息

例 1　FV:SHA/20OCT

(2) 指定日期某一舱位最早有座位的航班信息

例 2　FV:PEKSHA/Y

(3) 指定日期有指定座位数的最早航班

例 3　FV:PEKSHA/5

(4) 指定日期某一时刻左右最早航班

例 4　FV:PEKSHA/20OCT/1100

(5) 指定日期某一时刻左右指定航空公司的最早航班

例 5　FV:PEKSHA/20OCT/1100/CA

(6) 指定日期某一时刻左右指定航空公司指定舱位有指定座位数的最早航班

例 6　FV:PEKSHA/20OCT/1100/5/CA/F

(7) 飞行时间最短的最早航班

例 7　FV:E/PEKCAN

举例

1. 指定日期最早有座位的航班信息

例 1　显示从 PEK 到 SHA 当日最早有座位的航班。

>FV:PEKSHA

19OCT(TUE) PEKSHA

1 CJ6581 PEKSHA 1520 1720 300 0 M DS# FA YL

* * SHA – HONGQIAO AIRPORT PVG – PUDONG AIRPORT

18

例 2　显示从北京到上海 10 月 20 日之后最早有座位的航班。

>FV:SHA/20OCT

20OCT(WED) BJSSHA

1 MU513 PEKSHA 1045 1240 M90 0 M DS# FL PL CL JL Y7 KS BS ES HS IS *

* * SHA – HONGQIAO AIRPORT PVG – PUDONG AIRPORT

【说明】

航班起飞城市如果和终端定义的城市相同,操作时可以省略。

2. 指定日期某一舱位最早有座位的航班信息

例 3　显示从北京到上海今天最早 Y 舱有座位的航班。

>FV:PEKSHA/Y

19OCT(TUE) PEKSHA Y

1 CA992 PEKSHA 1745 1945 744 0 M DS# F3 CA YA SS HS KS MS TS

* * SHA – HONGQIAO AIRPORT PVG – PUDONG AIRPORT

3. 指定日期有指定座位数的最早航班

例4　显示从北京到上海今天最早有5个座位的航班。

>FV：PEKSHA/5

19OCT(TUE) PEKSHA

1 CJ6581 PEKSHA 1520 1720 300 0 M DS# FA YL

** SHA – HONGQIAO AIRPORT PVG – PUDONG AIRPORT

4. 指定日期某一时刻左右最早航班

例5　显示从北京到上海20OCT 11：00 左右最早有座位的航班。

>FV：PEKSHA/20OCT/1100

20OCT(WED) PEKSHA

1 MU MU513 PEKSHA 1045 1240 M90 0 M DS# FL PL CL JL Y7 KS BS ES HS IS

** SHA – HONGQIAO AIRPORT PVG – PUDONG AIRPORT.19

5. 指定日期某一时刻指定航空公司的最早航班

例6　显示从北京到上海20OCT 11：00 最早有座位的国航的航班。

>FV：PEKSHA/20OCT/1100/CA

20OCT(WED) PEKSHA VIA CA

1 CA932 PEKSHA 1150 1330 744 0 M DS# FA C5 YA SA HA KA MA TA QA

** SHA – HONGQIAO AIRPORT PVG – PUDONG AIRPORT

6. 指定日期某一时刻指定航空公司指定舱位、有指定座位数的最早航班

例7　显示从北京到上海20OCT 11：00 左右F舱最早有5个座位的国航的航班。

>FV：PEKSHA/20OCT/1100/5/CA/F

20OCT(WED) PEKSHA VIA CA F

1 CA932 PEKSHA 1150 1330 744 0 M DS# FA C5 YA SA HA KA MA TA QA

** SHA – HONGQIAO AIRPORT PVG – PUDONG AIRPORT

请对比：PEKSHA 20OCT 航班可利用信息。

>AV：PEKSHA/20OCT

20OCT(WED) PEKSHA

1 – CA949 PEKSHA 0750 0945 74E 0 M DS# FL CL YL SL HL KL ML TL QL

2 CA921 PEKSHA 0800 0950 763 0 M DS# FL CL YL SL BL HL KL LL ML TL *

3 CA1501 PEKSHA 0840 1035 767 0 M DS# CL YL BL KL

4 CA155 PEKSHA 1010 1200 733 0 M DS# FL YL SL BL HL KL LL ML TL GL *

5 MU513 PEKSHA 1045 1240 M90 0 M DS# FL PL CL JL Y7 KS BS ES HS IS *

6 MU583 PEKSHA 1140 1335 AB6 0 M DS# FL YA EQ VA

7 CA932 PEKSHA 1150 1330 744 0 M DS# FA C5 YA SA HA KA MA TA QA

** SHA – HONGQIAO AIRPORT PVG – PUDONG AIRPORT

7. 飞行时间最短的最早航班

例8　显示北京至广州，飞行时间最短，且最早有座位的航班。

>FV：E/PEKCAN

14FEB(MON) PEKCAN
1 CZ3104 PEKCAN 1530 1820 77B 0 M DS# FA P2 C1 I1 YL TQ KQ HL ML UL *

【说明】

1.选项 E 是按照飞行时间长短显示的；

2.＞FV :E/PEKCAN 相当于先做 ＞AV :E/PEKCAN，然后再选出最早有座位的航班。

（十）航班时刻显示 SK

SK 指令可以查询一城市对在特定周期内所有航班的信息，包括航班号、出发到达时间、舱位、机型、周期和有效期限。

指令格式

SK：选择项／城市对／日期／时间／航空公司代码／舱位

【格式说明】

(1)SK 指令所显示出的航班信息的时间段为指定时间和前后三天共一周的时间；

(2)选择项有以下几种：

P 显示结果按照起飞时间先后顺序排列

A 显示结果按照到达时间先后顺序排列

E 显示结果按照飞行时间由短到长排列

不选，默认为 P

(3)城市对为必选项，其余为可选项

下面是具体的实例说明 SK 指令的输入和输出：

①指定日期前后三天内航班信息

例 1   SK :PEKNNG/15OCT

例 2   SK :PEKSHA

例 3   SK :CAN/20NOV

②指定日期前后三天内指定航空公司的航班信息

例 4   SK :SHACTU/15OCT/MU

③指定日期前后三天内指定舱位的航班信息

例 5   SK :PEKCSX/14OCT/F

例 6   SK :PEKSHA/MU/F

④某时刻以后起飞的航班信息

例 7   SK :PEKCAN/20DEC/1100/CA

⑤指定日期前后三天内直达、不经停或有指定连接点的航班信息

例 8   SK :PEKCDG/10OCT/D

例 9   SK :PEKNRT/20OCT/N

例 10   SK :A/CAN/10DEC/C1

举例

1.指定日期前后三天内航班信息

例 1   查询 15OCT 前后三天北京到南宁的航班时刻。

＞SK:PEKNNG/15OCT.21

项目三 旅客订座与客票销售

12OCT(MON)/18OCT(SUN) PEKNNG
1 X2157 PEKNNG 1325 1635 737 0 M E X5 07SEP24OCT FYBHKLMNTV
2 X2157 PEKNNG 1325 1635 737 0 M 5 18SEP23OCT YBHKLMNTV
3 4G860 PEKNNG 1540 1900 733 0 M 2 06OCT20OCT YNMKHG
4 CZ361 PEKNNG 1550 1900 733 0 M 14 21SEP YKMGZ
5 + 4G852 PEKNNG 1630 1930 733 0 M 7 04OCT18OCT YNMKHGT

航班号　起降时间　经停点　班期　城市对　娱乐标识　座位等级　航班序号　机型　餐食标志　有效日期段

【说明】

1.SK 输出的第一行是所查询的时间范围，如上显示的12OCT/18OCT 表示接下来的航班都是在12OCT 至18OCT 之间执行的航班；

2.从第二行开始的航班显示包括航班号，城市对，出发时间，到达时间，经停点，餐食标志，班期，有效日期，座位等级；

3.以第一行为例，航班号是X2157，城市对为PEKNNG，起降时间分别是1325和1635，机型是737，0 表示该航班没有经停站，M 是餐食标识，X5 表示除星期五以外每天都有该航班，07SEP24OCT 是该航班执行的周期，即从7SEP 到24OCT 这段时间除周五以外该航班都按这一条的内容执行。

例2　显示以今天为中心，前后三天之内北京到上海的航班信息。

>SK:PEKSHA

11DEC99(SAT)/17DEC(FRI) PEKSHA
1 - CA150 PEKSHA 0840 1035 JET 0 M 23 08DEC22DEC FACDYBKMZV
2 CA1501 PEKSHA 0840 1035 JET 0 M 45 16DEC23DEC FAYBKMZV
3 CA915 PEKSHA 0935 1125 767 0 M 1 13DEC13DEC CDYSBHKLMT
4 CA915 PEKSHA 0935 1125 777 0 M 47 02DEC23MAR CDYSBHKLMT
5 MU5162 PEKSHA 1000 1220 340 0 M 24 11NOV23MAR FCYEVWQZ
6 MU560 PEKSHA 1050 1235 340 0 M 14 13DEC30DEC FACYEMVQZ
7 + MU513 PEKSHA 1050 1235 320 0 M 23 07DEC DS# FPCJYKBEHI

＊＊ SHA - HONGQIAO AIRPORT PVG - PUDONG AIRPORT

例3　显示20NOV 前后三天从本地到广州的航班。

>SK:CAN/20NOV.

17NOV(TUE)/23NOV(MON) PEKCAN
1 CZ3196 PEKCAN 0805 1105 320 0 M 47 25OCT25MAR CNSYTKHMGQVBZ
2 CA977 PEKCAN 0815 1110 744 0 M 6 31OCT05DEC FACDYSBHKLMTGXW
3 CA977 PEKCAN 0815 1110 74L 0 M 2 27OCT FACDYSBHKLMTGXW
4 CA1321 PEKCAN 0900 1200 767 0 M 6 31OCT CDYBHKLMQTGXWV
5 + CA1321 PEKCAN 0900 1200 JET 0 M X156 25OCT FACDYBHKLMQTGXW

2.指定日期前后三天内指定航空公司的航班信息

例4　显示15OCT前后三天上海至成都之间MU的航班。

>SK:SHACTU/15OCT/MU

12OCT(MON)/18OCT(SUN) SHACTU VIA MU

1 MU5403 SHACTU 1455 1750 M82 0 M 1 05OCT19OCT FYBEHIMQZ

2 MU5403 SHACTU 1455 1750 M82 0 M 246 03OCT24OCT FYBEHIMRTQZ

3 MU5403 SHACTU 1510 1750 JET 0 M 57 02OCT23OCT FYBEHIMQZ

3. 指定日期前后三天内指定舱位的航班信息

例5　显示14OCT前后三天从北京至长沙的有F舱的航班。

>SK:PEKCSX/14OCT/F

11OCT(SUN)/17OCT(SAT) PEKCSX F

1 X2135 PEKCSX 0805 1030 737 0 M 1 24AUG19OCT FYBHKLMNTV

2 X2117 PEKCSX 0845 1035 733 0 M 246 04AUG24OCT FYBHKLMNTV

3 WH2136 PEKCSX 1410 1620 310 0 M 25 18SEP23OCT FYBRH

4 CJ6712 PEKCSX 1640 1850 M82 0 1 12OCT12OCT FYVKME

5 + CJ6712 PEKCSX 1750 1950 M82 0 3 07OCT21OCT FYVKME

例6　显示以今天为中心，前后三天内北京到上海，东方航空公司的有头等舱的航班。

>SK:PEKSHA/MU/F

16OCT99(SAT)/22OCT(FRI) PEKSHA VIA MU F

1 MU560 PEKSHA 1015 1200 340 0 M 14 20SEP01NOV FACYEMVQZ

2 MU513 PEKSHA 1045 1240 M90 0 M 27 19OCT26OCT FPCJYKBEHI ＊

3 MU513 PEKSHA 1045 1240 JET 0 M 37 17OCT20OCT FPCJYKBEHI ＊

4 MU5162 PEKSHA 1120 1305 340 0 M 247 10OCT28OCT FCYEVWQZ

5 MU583 PEKSHA 1140 1335 M11 0 M X135 21OCT26OCT FCDYEVQZ．

4. 某时刻以后起飞的航班信息

例7　显示北京到广州12月20日前后三天11时以后起飞，国航的航班信息。

>SK:PEKCAN/20DEC/1100/CA

17DEC(FRI)/23DEC(THU) PEKCAN VIA CA

1 CA1301 PEKCAN 1450 1745 JET 0 M 23 14DEC22DEC FACDYBKMZV

2 CA1301 PEKCAN 1450 1745 777 0 M 15 20DEC27DEC CDYBKMZV

3 CA1301 PEKCAN 1450 1745 767 0 M 67 18DEC19DEC CDYBKMZV

4 CA1301 PEKCAN 1450 1745 JET 0 M 45 16DEC23DEC FAYBKMZV

5 CA174 PEKCAN 1500 1800 JET 0 M 5 03DEC24DEC FCYBKTV

6 CA1309 PEKCAN 1750 2035 777 0 M X156 21DEC29DEC CDYBKMZV

7 + CA1309 PEKCAN 1750 2035 777 0 M X17 14DEC18DEC CDYBKMZV

5. 指定日期前后三天内直达、不经停或有指定连接点的航班信息

例8　显示10OCT前后三天北京到巴黎的直达航班。

>SK:PEKCDG/10OCT/D

07OCT(WED)/13OCT(TUE) PEKCDG DIRECT ONLY

1 CA933 PEKCDG 1210 1635 JET 0 M 67 03OCT DS# FACDYSBHKLMQTGX
2 CA933 PEKCDG 1210 1700 JET 0 M 15 02OCT DS# FACDYSBHKLMQTGX
3 AF129 PEKCDG 1230 1700 EQV 0 M X13 02OCT24OCT PAJDYKHTVL
4 CA949 PEKCDG 0800 1700 JET 1 M 3 07OCT DS# FACDYSBHKLMQTGX
5 MU559 PEKCDG 2020 0615 +1 340 1 M 26 03OCT24OCT FPACJYKEHILMNRS

例9　显示20OCT前后三天之间北京到东京的不经停航班。

>SK:PEKNRT/20OCT/N
17OCT(SAT)/23OCT(FRI) PEKNRT NON-STOPS ONLY
1 IR800 PEKNRT 0735 1200 74L 0 4 01OCT CY
2 CA925 PEKNRT 0925 1350 JET 0 M 134 15OCT DS# FACDYSBHKLMQTGX
3 CA925 PEKNRT 0925 1350 JET 0 M X14 14OCT20OCT FACDYSBHKLMQTGX
4 CA925 PEKNRT 0925 1350 767 0 M 5 23OCT DS# CDYSBHKLMQTGXWV
5 + NW002 PEKNRT 0940 1355 747 0 M 16 03OCT24OCT FJCYBMHQV.

(十一)指定日期的班机时刻显示 DS

DS功能用于显示指定日期内所有固定航班情况，其格式与SK完全相同。

指令格式

DS：选择项 / 城市对 / 日期 / 时间 / 航空公司代码 / 舱位

【格式说明】

(1)选择项有以下几种：

P 显示结果按照起飞时间先后顺序排列

A 显示结果按照到达时间先后顺序排列

E 显示结果按照飞行时间由短到长排列

不选，默认为P

(2)城市对为必选项，其余为可选项

下面是具体的实例说明DS指令的输入和输出：

①指定日期固定航班信息

例1　DS：PEKCSX/15OCT

例2　DS：PEKCAN/12DEC

例3　DS：PEKCAN

②指定日期某航空公司的固定航班信息

例4　DS：CANSHA/16OCT/CZ

③按到达时间顺序显示固定航班信息

例5　DS：A/PEKLAX/10DEC

④按飞行时间长短顺序显示固定航班信息

例6　DS：E/PEKHGH.25

举例

1.指定日期固定航班信息

例1　查询15OCT从北京到长沙的航班。

>DS:PEKCSX/15OCT

15OCT(THU) PEKCSX

1 - X2117 PEKCSX 0845 1035 733 0 M DS# FYBHKLMNTV

2 CZ3124 PEKCSX 1125 1330 735 0 M DS# YWKHM

3 CZ3142 PEKCSX 1515 1715 735 0 M DS# YWKHM

4 + SZ4734 PEKCSX 1530 1750 737 0 DS# YDKHB

航班号　起降时间　经停标识　座位等级　城市对　协议级别　航班序号　机型餐食标志

例2　显示12月10日北京到广州的班期时刻。

>DS:PEKCAN/12DEC

12DEC(SUN) PEKCAN

1 - CA1321 PEKCAN 0915 1205 JET 0 M DS# FACDYBKMZV

2 WH2137 PEKCAN 1000 1250 300 0 M DS# FYB

3 CZ3102 PEKCAN 1210 1505 777 0 M DS# CIYTKHMUEX *

4 CA1301 PEKCAN 1450 1745 JET 0 M DS# CDYBKMZV

5 CZ3104 PEKCAN 1530 1820 777 0 M DS# CIYTKHMUEX *

6 CZ3114 PEKCAN 1620 1920 757 0 M DS# CIYTKHMUEX *

7 CZ3108 PEKCAN 1730 2035 757 0 M DS# CIYTKHMUEX *

8 + CA1309 PEKCAN 1750 2035 777 0 M DS# CDYBKMZV

例3　显示今天北京到广州的班期时刻。

>DS:PEKCAN

27DEC(MON) PEKCAN

1 CA1301 PEKCAN 1450 1745 777 0 M DS# CDYBKMZV

2 CZ3104 PEKCAN 1530 1820 77B 0 M DS# FPCIYTKHMU

3 CZ3108 PEKCAN 1730 2035 757 0 M DS# CIYTKHMUEX

4 CA177 PEKCAN 1810 2110 744 0 M DS# FACDYSBHKL

5 CZ3110 PEKCAN 1830 2130 JET 0 M DS# CIYTKHMUEX

6 + H4270 PEKCAN 1345 1830 737 1 DS# CYWUZ.

2. 指定日期某航空公司的固定航班信息

例4　只显示16OCT从广州到上海的CZ航班。

>DS:CANSHA/16OCT/CZ

16OCT(FRI) CANSHA VIA CZ

1 - CZ3611 CANSHA 0745 094 320 0 M DS# CYWKHM

2 CZ3523 CANSHA 0900 1100 777 0 M DS# CDYWKHM

3 CZ3537 CANSHA 1025 1220 77B 0 M DS# FCDYWKHM

4 + CZ3503 CANSHA 1610 1800 777 0 M DS# CDYWKHM

3. 按到达时间顺序显示固定航班信息

例5　按到达顺序显示12月10日11点以后PEK到LAX的国航直达航班。

＞DS：A/PEKLAX/10DEC/1100/CA/D

10DEC(FRI) PEKLAX VIA CA DIRECT ONLY

1 + CA983 PEKLAX 1310 1150 74E 1 M DS# FAPCDJYSHK

4.按飞行时间长短顺序显示固定航班信息

例6　按飞行时间由短到长的顺序显示10OCT的PEKHGH航班。

＞DS：E/PEKHGH/10OCT

10OCT(SAT) PEKHGH

1 - F65994 PEKHGH 1440 1620 320 0 DS# CYHBKLMGTQSVZ

2　F65938 PEKHGH 1515 1700 TU5 0 DS# YHBKLMGTQSVZ

3　CA1535 PEKHGH 1410 1600 733 0 M DS# FAYBHKLMQTGXWV

4　F65940 PEKHGH 2010 2200 320 0 DS# CYHBKLMGTQSVZ

5 + CA1509 PEKHGH 0820 1015 763 0 M DS# FACDYBHKLMQTGXW.27

(十二)航班经停点及起降时间的显示 FF

FF功能用于查询航班的经停城市、起降时间和机型。

指令格式

＞FF：航班号／日期

举例

例1　查询9OCT的CA929航班。

＞FF：CA929/9OCT

PEK 0830 74E

SHA 1020 1135

NRT 1520

到达时间机型　　经停城市　　起飞时间

(十三)显示航班飞行时间 DSG

DSG指令可以显示指定日期的航段上的航班信息,包括:航班的起飞降落城市、起飞降落时间、航班的空中飞行时间、航班的空中飞行距离、经停点数、航班机型、餐食等,而且还包括注释号、AD hoc 修改标识以及航班信息标识。该功能便于旅客掌握旅行中的航班动态。它可以直接显示出旅客PNR中涉及到的全部航班航段信息。

指令格式1

＞DSG：完整显示项/航班号/座位等级/日期/ 航段

指令格式2

＞DSG：完整显示项/ PNR中所选航段的数字1/ PNR中所选航段的数字2/

【格式说明】

若当前已存在一PNR,可通过格式2查询。

举例

例1　完整显示今天CA981航班的信息。

>DSG:C/CA981/Y

CA981 Y (WED)12JAN PEK 1000 744 BC

1000 DTW (130) 1210 320 S

1346 LGA ELAPSED TIME 16:46 DIST 7102M

例2 显示今天 CA981 PEKDTW 航班的信息。

>DSG:C/CA981/Y/PEKDTW

CA981 Y (WED) 12JAN PEK 1000 744 BC 0 0

1000 DTW ELAPSED TIME 12:00 DIST 6611M.29

例3 显示 PNR MR142 中的第2段航班的信息。

>RT MR142

1. WANG/BING SHENG MR142

2. CA981 C WE12JAN PEKDTW RR1 1000 10 00

3. CA8474 F WE12JAN DTWDCA RR1 1155 1323

....

>DSG:C/2/3

CA981 C (WED) 12JAN PEK 1000 744 BC 0 0

1000 DTW ELAPSED TIME 12:00 DIST 6611M

CA8474 F (WED)12JAN DTW 1155 320 S 0 0

1323 DCA ELAPSED TIME 1:28 DIST 391M

例4 完整显示 PNR 中涉及到的全部航段内容。

>DSG:C

CA981 C (WED)12JAN PEK 1000 744 BC 0 0 NS

1000 DTW ELAPSED TIME 12:00 DIST 6611M

CA8474 F (WED)12JAN DTW 1155 320 S 0 0 GA

1323 DCA ELAPSED TIME 1:28 DIST 391M

【说明】

CA981 航班号　C 舱位　WED 星期1　2JAN 日期　PEK 起飞城市　1000 起飞时间　744 机型　0 经停　0 注释号　NS 禁止吸烟　GA 政府标识　1000 到达时间　DTW 到达城市　ELAPSED TIME 12:00 空中飞行时间　DIST 空中飞行里程 7102M 7102 英里(Mile)

(十四)票价查询 FD

FD 指令可以查询国内航空公司国内段票价。需要查询国际票价，要用其他指令，如 QTE 和 XS FSD 等指令。

指令格式1

>FD:城市对/日期/航空公司代码

举例

例1 查询从北京到上海国航当前的票价。

>FD:PEKSHA/./CA

FD:PEKSHA/14FEB00/CA

CA FA 1710.00 3420.00 01JUL97 CNY

CA CA 1480.00 2960.00 01JUL97 CNY

CA YA 1140.00 2280.00 01JUL97 CNY

CA FB 1350.00 2700.00 01JUL97 CNY

CA CB 1170.00 2340.00 01JUL97 CNY

CA YB 900.00 1800.00 01JUL97 CNY

票价类别　单程票价　往返票价　生效日期

终止日期　货币　航空公司代码

【说明】

票价与时间有着密切的关系。不同时期，票价也会不同。查询当前的票价时，建议营业员按照这种方式查询，即航段后加上日期及航空公司代码，这样会比较简洁明了。

例2 查询从北京到上海国航所有票价。

>FD:PEKSHA/CA

FD:PEKSHA/14FEB00/CA

CA FA 1710.00 3420.00 01JUL97 CNY

CA CA 1480.00 2960.00 01JUL97 CNY

CA YA 1140.00 2280.00 01JUL97 CNY

CA FA 1 650.00 3300.00 01JUL95 30JUN97 CNY

CA CA 1430.00 2860.00 01JUL95 30JUN97 CNY

CA YA 1100.00 2200.00 01JUL95 30JUN97 CNY

CA FB 1090.00 2180.00 28JUL96 30JUN97 CNY

CA CB 940.00 1880.00 28JUL96 30JUN97 CNY

CA YB 730.00 1460.00 28JUL96 30JUN97 CNY

CA FB 1350.00 2700.00 01JUL97 CNY

CA CB 1170.00 2340.00 01JUL97 CNY

票价类别　单程票价　往返票价　生效日期　终止日期货币　航空公司代码

【说明】

票价显示中不加日期，以前的票价和现在的票价都会显示出来。

例3 显示过去某年的票价。

>FD:PEKSHA/14FEB96/CA

CA FA 1650.00 3300.00 01JUL95 30JUN97 CNY

−CA

CA 1430.00 2860.00 01JUL95 30JUN97 CNY
CA YA 1100.00 2200.00 01JUL95 30JUN97 CNY.
指令格式2
从已有的AV中查询票价
>FD:序号
举例
例4　>AV:PEKCSX（已有AV显示如下）
15FEB(TUE) PEKCSX
1 - X2117 PEKCSX 0830 1035 733 0 M DS# FA YA BQ KQ TQ VQ
2 XW117 PEKCSX 0830 1035 737 0 YZ
3 CZ3124 PEKCSX 1115 1330 735 0 M DS# YA TQ KQ HS MS UA ES XS Z5
4 CZ3142 PEKCSX 1710 1920 735 0 M DS# YA TQ KQ HS MS US ES XS ZS
5 CJ6712 PEKCSX 1750 1955 M82 0 DS# F6 YA
6 + CZ3148 PEKCSX 1800 1950 735 0 M DS# YA TQ KQ HA M5 UA E5 XS Z2
查询X2117的票价，则输入：
>FD :1
FD:PEKCSX/15FEB00/X2
X2 YA 1350.00 2700.00 01JUL97 CNY
X2 YB 970.00 1940.00 01JUL97 CNY
X2 FA 2020.00 4040.00 06SEP97 CNY
X2 FB 1450.00 2900.00 06SEP97 CNY
X2 B 870.00 1740.00 23MAR98 CNY
出错信息提示:AIRLINE查询票价时,应加上航空公司代码3。
（十五）提取旅客名单的多种选择法ML
ML指令可以提取本部门在一个指定航班,某一日期和一航段上的旅客名单。
指令格式
>ML:选择项/航班号/座位等级/日期/航段
【格式说明】
1.有关选择项的说明如下：
B 提取订妥座位的旅客(HK和RR的PNR)
C 提取所有旅客记录
X 提取取消的旅客
G 提取团体旅客记录
U 提取未证实的旅客(HL, US, UU, HN)
2.城市对、日期为必选项,其余为可选项
下面是具体的实例,说明ML指令的输入和输出：
(1)提取在指定日期、指定航班上的所有订座记录
例1　ML :C/CA1321/7OCT

(2)提取指定舱位的旅客名单

例2　ML：B/CA1321/Y/7OCT

(3)提取所有已取消的旅客名单

例3　ML：X/CA1321/7OCT

(4)提取团体订座记录

例4　ML：G/CA1321/7OCT

(5)提取未订妥座位的旅客

例5　ML：U/CA1321/7OCT

(6)提取已确认座位的旅客

例6　ML：R/CA1321/7OCT

(7)提取未出票的旅客名单

例7　ML：NR/CA1321/7OCT

(8)提取除了团体的旅客名单

例8　ML：NG/CA1321/7OCT

(9)提取团体中订座但没有出票旅客

例9　ML：GBNR/CA1321/7OCT．34

举例

1．提取本部门在指定日期的指定航班上的所有订座记录

例1　BJS191的工作人员提取本部门在7OCT的CA1321航班上订的所有座位。

>ML:C/CA1321/7OCT

MULTI

CA1321 /07OCT C

PEKCAN

001 1GAO/FENG MXMBE Y HK1 BJS191 06OCT K

002G 10GROUP MXMNB K HN10 BJS191 06OCT K

003 1JIE/HONG GUANG P0KYQ Y HX2 BJS191 25SEP98 K

004 1LI/BING MXM6Y M6HL1 BJS191 06OCT K

005 1WANG/GE P0KYQ Y HX2 BJS191 25SEP98 K

TOTAL NUMBER 16

团体标识　座位等级　责任部门　旅客信息　旅客记录　旅客姓名　记录编号

序号或团名　行动代码　订座日期

【说明】

旅客信息，包括以下几种：

F 机场出票

I 到达本站并转乘该航班标识

K 有非零代理人号

M 特殊餐食

O OSI 项

Q 有衔接航班

S SSR 项

T 已出票旅客

V VIP 旅客

从上面的显示可以看到系统输出了 BJS191 在这个航班上的所有订座，包括 HK、HN、HL 的订座和团体订座。如果只想提取某些特定的记录，可以使用以下几种选择项。

2．提取指定舱位的旅客名单

例2　提取本部门10月7日CA1321上Y舱所有订妥座位的旅客（HK、RR）。

＞ML：B/CA1321/Y/7OCT

MULTI

CA1321 /07OCT B

PEKCAN

001 1GAO/FENG MXMBE Y HK 1 BJS191 06OCT K

TOTAL NUMBER 1

3．提取所有已取消的旅客名单

例3　提取10月7日CA1321所有已取消的旅客。

＞ML：X/CA1321/7OCT

MULTI

CA1321 /07OCT X

PEKCAN

001 1JIE/HONG GUANG P0KYQ Y HX2 BJS191 25SEP98 K

002 1WANG/GE P0KYQ Y HX2 BJS191 25SEP98 K

TOTAL NUMBER 2

输出中只显示已取消的记录。

4．提取团体订座记录

例4　提取10月7日CA1321团体订座记录。

＞ML：G/CA1321/7OCT

MULTI

CA1321 /07OCT G

PEKCAN

001G 10GROUP MXMNB K HN10 BJS191 06OCT K

TOTAL NUMBER 10 只显示团体记录。

5．提取未订妥座位的旅客（HL，US，UU，HN）

例5　提取10月7日CA1321未订妥座位的旅客名单。

＞ML：U/CA1321/7OCT

MULTI

CA1321 /07OCT U

PEKCAN
001G 10GROUP MXMNB K HN10 BJS191 06OCT K
002 1LI/BING MXM6Y M6HL1 BJS191 06OCT K
TOTAL NUMBER 11
显示未订妥座位的旅客记录。

6. 提取已确认座位的旅客(RR)

例6　提取 7OCT CA1321 上已确认座位的旅客名单。

＞ML：R/CA1321/7OCT

MULTI

CA1321 /20OCT R

PEKCAN
001 1CHENYUNXIAN MXWJ4 F RR1 BJS191 19OCT K T
002 1GONG/YUNFENG M334H F RR1 BJS191 19OCT K Q T
003 1WANGYUE MNBVY F RR1 BJS191 19OCT K T
004 1CHONG/KIEWLEONG NV869 C RR1 BJS191 08OCT99 K T

7. 提取未出票的旅客名单(HK，HL)

例7　提取 7OCT CA1321 上未出票的旅客名单。

＞ML：NR/CA1321/7OCT

MULTI

CA1321 /07OCT NR

PEKCAN
001 1GAO/FENG MXMBE Y HK1 BJS191 06OCT K
001G 10GROUP MXMNB K HN10 BJS191 06OCT K
002 1LI/BING MXM6Y M6HL1 BJS191 06OCT K

8. 提取非团体旅客的名单

例8　提取 7OCT CA1321 上非团体的旅客名单。

＞ML：NG/CA1321/7OCT99

MULTI

CA1321 /07OCT NG

PEKCAN
001 1GAO/FENG MXMBE Y HK1 BJS191 06OCT K
TOTAL NUMBER 1

9. 提取团体中订座但没有出票旅客

例9　提取 7OCT CA1321 上团体中订座但没有出票旅客。

＞ML：GBNR/CA1321/7OCT

MULTI

CA1321 /07OCT GBNR

PEKCAN NIL

TOTAL NUMBER 0

(十六)提取旅客名单的多种选择法 ML

ML 指令可以提取本部门在一个指定航班，某一日期和一航段上的旅客名单。

指令格式

　＞ML：选择项 /航班号/座位等级/日期/航段

【格式说明】

1. 有关选择项的说明如下：

　B 提取订妥座位的旅客(HK 和 RR 的 PNR)

　C 提取所有旅客记录

　X 提取取消的旅客

　G 提取团体旅客记录

　U 提取未证实的旅客(HL, US, UU, HN)

2. 城市对、日期为必选项，其余为可选项

下面是具体的实例说明 ML 指令的输入和输出：

(1)提取在指定日期、指定航班上的所有订座记录

例 1　　ML：C/CA1321/7OCT

(2)提取指定舱位的旅客名单

例 2　　ML：B/CA1321/Y/7OCT

(3)提取所有已取消的旅客名单

例 3　　ML：X/CA1321/7OCT

(4)提取团体订座记录

例 4　　ML：G/CA1321/7OCT

(5)提取未订妥座位的旅客

例 5　　ML：U/CA1321/7OCT

(6)提取已确认座位的旅客

例 6　　ML：R/CA1321/7OCT

(7)提取未出票的旅客名单

例 7　　ML：NR/CA1321/7OCT

(8)提取除了团体的旅客名单

例 8　　ML：NG/CA1321/7OCT

(9)提取团体中订座但没有出票旅客

例 9　　ML：GBNR/CA1321/7OCT. 3

航班座位销售的前提是航班信息查询，CRS 系统的一大特点就是可以实时地提供准确的航班信息。因此日常工作中必须掌握的指令如下：

　→AV

　→FD

进一步了解还应掌握：

　→FF

→DSG

→ML

其他指令可以作为一般了解。

订座流程图

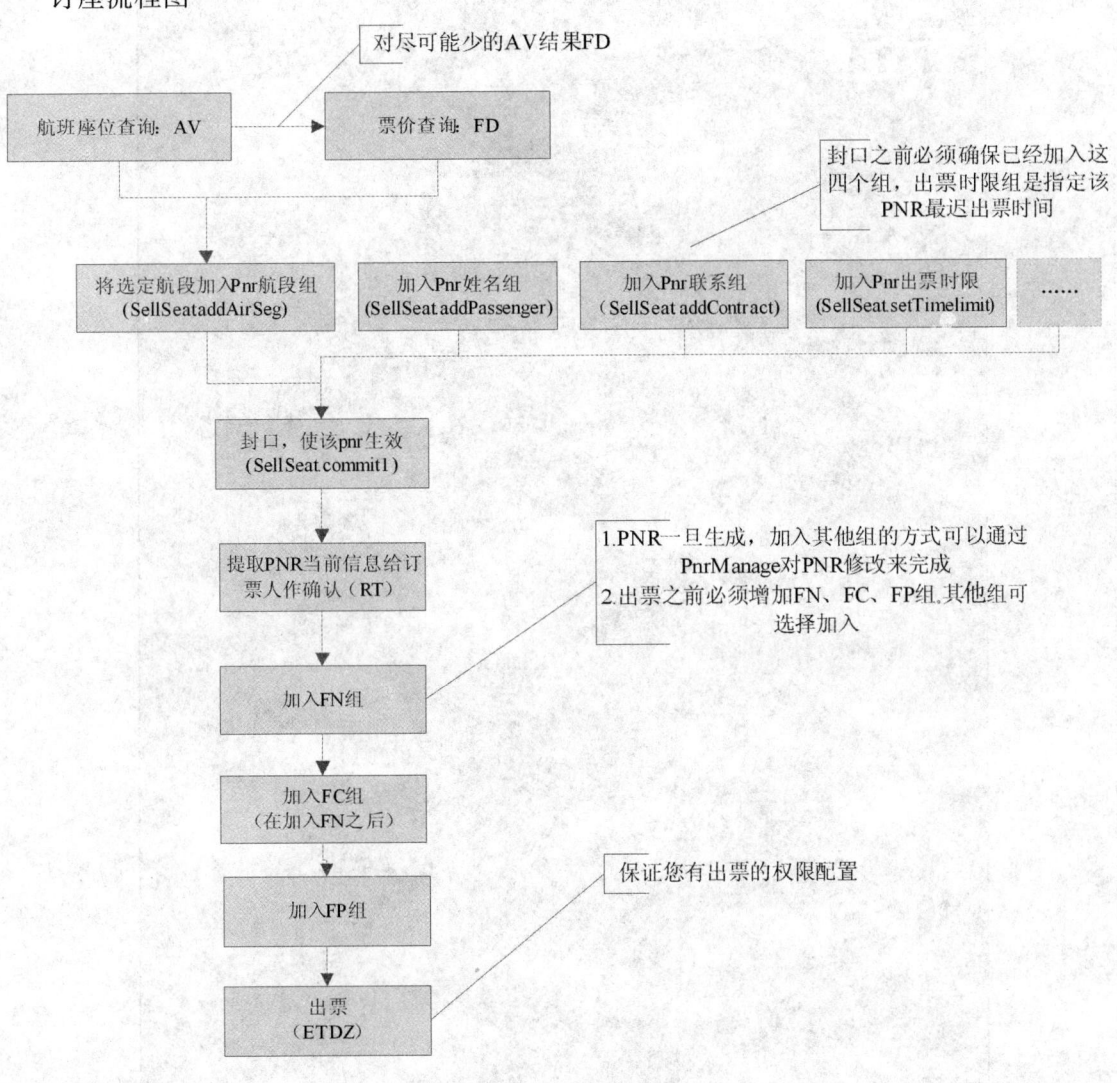

图 3-1　订票流程图

(十七)打印电子客票行程单

BSP 电子客票系统利用 eTerm3 及其插件通过电子客票票号或者订座记录编号(PNR)来打印电子客票行程单。

代理人如果需要打印 BSP 电子客票行程单,需要在 PC 上安装如下软件:

eTerm3.100(或更高版本)

eTerm3 打印电子客票行程单的插件

以上软件在网站 www.eterm.com.cn 上提供下载。

BSP 电子客票打印行程单功能的使用方法参见 eTerm3 插件的使用手册(软件中包含该手册的电子版)。

下图是 BSP 电子客票行程单的样本：

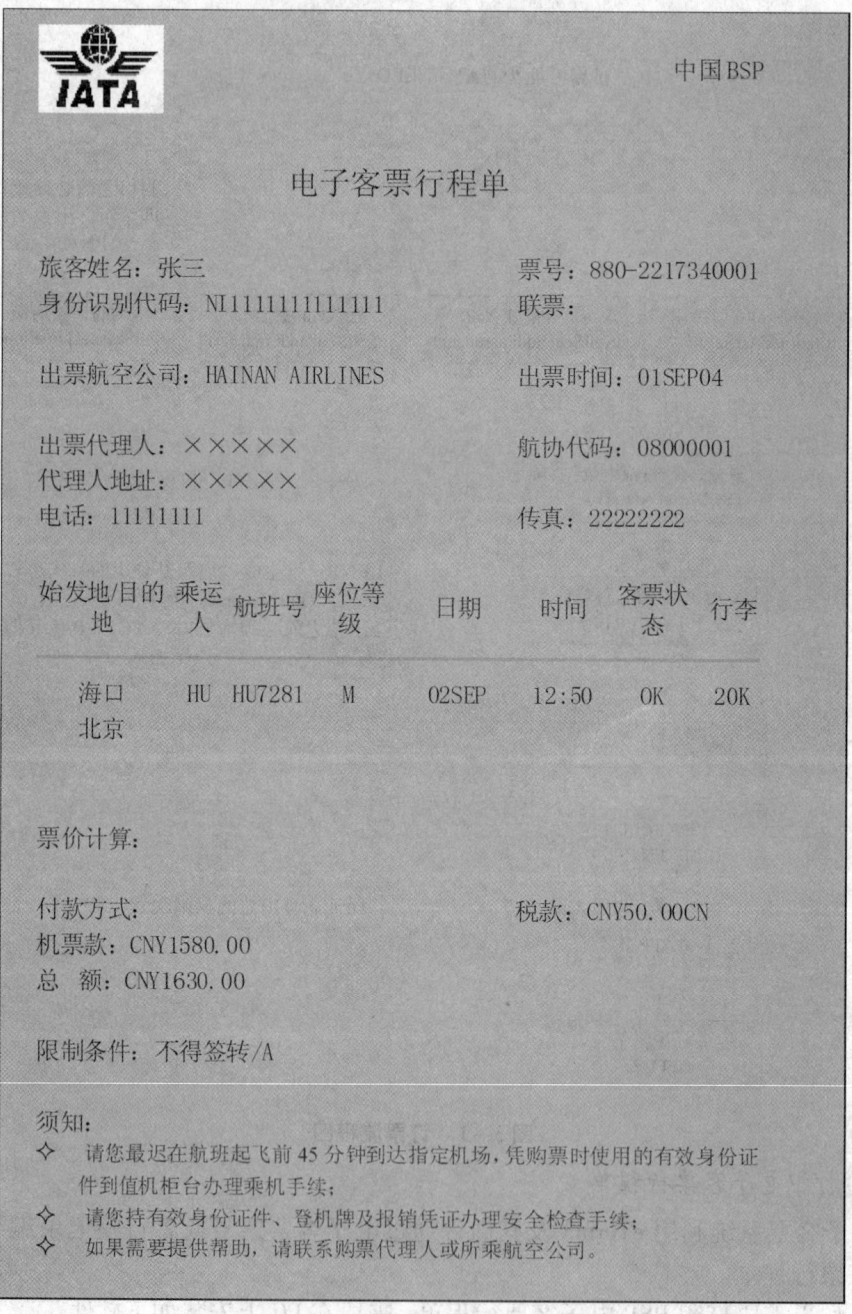

图 3-2 行程单

实训任务

请与你的团队成员紧密合作,在老师的指导下,应用所学到的知识,利用计算机订座系统进行实训练习。

◆ 实训准备

组建 3—5 人规模的实训团队,建议团队中应包含男性和女性,名额以单数为好,以便处理意见分歧。

准备签字笔、记录本,有条件的话,准备相机和录音笔。

编制订座步骤提纲,依据所学订座知识处理订座案例。

◆ 实训操作案例

根据下列例题给出的条件出票:

案例一

旅客刘明带着 9 周的儿子刘小逸,姜宏带着女儿姜珊(2009 年 12 月出生)同行旅游。行程安排是 12 月 10 日北京至上海 Y 舱,12 月 19 日宁波至北京 F 舱。航班信息:

12 月 10 日:CA1501 PEKSHA 0840 1035 777 0 M DS# CA YA BA KS MA

12 月 19 日:HZ4197 NGBPEK 1655 1850 738 0 M DS# F2 YA ZS

旅客信息:

联系电话:13950908901

证件号码:刘明 510324197302020345

刘小逸 510324200204050468

姜宏 510324197812020225

姜珊 510324200912220785

在本案例中,对座位可利用情况的查询、PNR 姓名组的创建、建立航段组等操作是一个综合演练。

课后练习

简述订座的一般要求和一般程序。

订座的一般要求:

(1)旅客订妥座位后,凭该订妥座位的客票乘机,不定期客票应向承运人订妥座位后方能使用;

(2)已经订妥的座位,应在规定的时限内购票,否则座位不予保留;

(3)承运人可在必要时暂停接受某一航班的订座;

(4)承运人应按旅客订妥的航班和舱位等级提供座位。

订座的一般程序:

(1)旅客通过网站或代理人订座、支付、出票,得到或自行打印行程单;

(2)旅客在机场电子客票柜台出示身份证件,值机人员办理值机手续,旅客将得到登机牌及报销凭证；

(3) 旅客持登机牌、身份证件、报销凭证通过安全检查；

(4) 旅客持登机牌登机。

学习资源

◆ 文献类

[1] 李媛. 计算机订座系统(CRS)市场开放研究[J]. 长春理工大学学报, 2011, (6)。

[2] 吴晓莉. 民航电子客票十年之路[J]. 交通建设与管理, 2011, (03)。

[3] 刘秀丽. 网络环境下电子客票销售渠道的变迁[J]. 当代经济, 2010, (12)。

◆ 视频类

携程国际机票预订平台功能介绍, http://v.youku.com/v_show/id_XMzY5MDE4Nzgw.html

日中航线推出1日元机票吸引中国游客, http://v.youku.com/v_show/id_XNDYyMzg4NzM2.html

◆ 案例类

航空公司营造良性分销渠道业态的必要性, http://news.carnoc.com/list/304/304156.html.

"零佣金"时代，机票代理人如何"突围"？http://www.cnta.gov.cn/html/2011-4/2011-4-11-14-58-88521.html

项目四 引导服务

> **学习目的**
> 1. 要求学生熟悉国内、国际出港和进港航班的流程
> 2. 理解特殊旅客的进出港引导服务工作
> 3. 熟悉引导员的岗位职责和服务规范

> **岗位能力**
> 1. 熟悉候机楼引导服务人员的岗位职责与服务质量标准
> 2. 了解引导岗位的工作流程
> 3. 掌握候机楼为旅客引导乘机服务的规范要求

> **案例引入**

"上帝"殷切呼唤导乘

因为铁路客运价的大幅上调，A厂的张先生获单位批准乘机去出差。张高高兴兴买了机票等待潇洒"飞"去，结果乘机当日虽早早赶到机场却错过班机漏乘了。还有一对富起来的农村夫妇潇潇洒洒买了机票去旅游，虽说夫妻俩按机票上写的提前70分钟到达机场，但亦因漏乘败兴而归。

说起个中原因很简单：第一次坐飞机，不知道买过机票后还需办一套乘机手续，更不知如何去办。类似上述拿着机票不知咋办的初次乘机者不只在西安咸阳机场，在国内

其他航空港也常常能遇到。

随着人们生活水平的不断提高和民航、铁路客运在价格上的差距缩小，越来越多的人出门远行选择了飞机这一舒适、快捷的现代化交通工具。但因是初次乘机，难免对买了机票还要办理交运行李检查——换取登机牌——交运行李——购买机场建设费——过安检进隔离厅——候机登机等一系列乘机手续不太了解，到了机场，不是憨憨地等啊等，就是恍然大悟后办来办去丢三落四，在得不到别人指点情况下，阴差阳错发生误机漏乘或错乘。

也许每每这时一些业内人员还会窃笑初乘者见识短浅，可想想民航人给乘客以"上帝"的服务承诺，想想初乘者的尴尬，不正反映出民航服务上的一个缺欠——卖了机票，却忘了教（引导）乘客怎样拿票去使用。这就如同买来的家用电脑，却没有使用说明一样令人不知所措。乘客尴尬扫兴的同时，难免对民航售后服务的不完善抱怨起来。

资料来源：民航文化传播网。

案例启示：

市场经济有求必应，服务也就多种多样。如今到人生地不熟的景点观光旅游，有导游服务；进商厦购物，有导购服务；求医看病，有导医服务。笔者由此想到，如果在办理乘机手续时设立"导乘服务"，免费引导那些第一次坐飞机的旅客井然有序地办理一整套手续，不就避免了乘客因不了解如何办乘机手续而误机漏乘或错乘的事件发生了吗？

知识准备

一、认识民航候机楼引导服务岗位

（一）引导服务的概念

1. 引导服务的定义

引导服务，也称为导乘服务，即通过有效的服务来引导旅客进出港，以维持民航候机楼良好的现场秩序，疏导大量聚集的旅客，是民航服务工作十分重要的一环。

2. 引导服务的种类

主要有：

（1）值机大厅的引导服务；（2）候机大厅的引导服务；（3）出港航班的引导服务；（4）进港航班的引导服务；（5）特殊旅客的引导服务等。

3. 引导服务的主要内容

候机楼引导服务除了对旅客进出港的引导服务工作外，还应包括为旅客提供各种便民服务，如为旅客提供报纸、杂志、针线、娱乐用品。同时做好重要旅客、无成人陪伴儿童、孕妇、残疾旅客、担架旅客、病伤旅客、老年旅客的服务工作等。具体如下：

（1）掌握航班动态信息，准确了解所送航班的要客信息及登机要求，并按规定的时间到达工作岗位。

（2）负责进出港航班旅客的接送引导。

(3)负责出港航班旅客的登机牌查验和旅客人数的统计。

(4)负责过站旅客备降航班的旅客候机,引导服务以及过站备降飞机旅客过站牌的查验。并清点统计过站人数,若不符,及时报告值机和服务调度室并迅速排查。

(5)负责老弱病残孕及无人陪伴儿童等特殊旅客的接送、引导服务,并负责将无人陪伴儿童送至出口处与亲属交接。

(6)航班延误或取消时,负责旅客解释,引导工作。

(二)引导服务的工作要求

1. 引导服务的基本要求

(1)引导员要树立主动为旅客提供服务的意识,耐心、细心地为旅客提供方便、快捷的服务。

(2)态度热情友善,耐心、准确地回答问询内容;有问必答,回答旅客问询时,应简单准确、通俗易懂;对不能做到准确回答的问询,应热情地将旅客指引到正确的问询处。

(3)查看当天预报,掌握当天飞机航班信息和动态。主动了解交接班有关事宜,处理所交接遗留问题。

(4)提前到达岗位,在指定位置站位,保持正确的迎客站姿,不倚靠任何物品,主动微笑礼貌服务。

2. 引导服务人员的服务规范

(1)着装规范

按单位或公司统一规定着装,佩带绶带、工作牌(号)等身份标识。

①衣着

男性引导员着长袖衬衣时,不得挽袖,袖口要系扣。夏季着统一的白色短袖衬衣和长裤,必须将衬衣扎在腰带里面,扎黑色皮带,系统一的领带,领带扎系要规范,系好后领带大箭头应与皮带扣对齐;工作期间不得将衬衫衣领扣松开。

女性引导员着长袖衬衫时,不得将袖口挽起。着裤装时,应穿着肉色丝袜或棉袜。女性引导员着夏装,必须穿着单位或公司统一规定的长丝袜。

男、女引导员在马甲外穿时,衬衣下摆不得外露;在制服上不得佩戴其他任何饰物;工作时间内女性引导员要化淡妆;制服要保持干净、整洁。

②号(名)牌、证件

男性引导员服务号牌一般佩戴在西服外套左上口袋中间部位以上一公分处;着衬衫时佩戴位置相同。

女性引导员服务号牌佩戴在马甲或制服外套左上口袋中间部位以上一公分处。

男性引导员的证件佩戴于制服左

图4-1 引导服务人员规范着装

上口袋上;女性引导员的证件佩戴于马甲或制服外套第二与第三颗扣子之间。

(2)语言规范

工作人员与旅客交流时要自觉使用:您、您好、请、谢谢、对不起、再见等文明礼貌用语。在与旅客沟通时尽量使用通俗易懂的语言,避免使用专业术语等特殊用词。

与旅客交谈时,要保持目光交流,杜绝在回答旅客询问时不注视旅客或低头漠视的无礼行为。

在岗位上或工作区域遇到旅客询问时,不得使用:不知道、自己找、我正忙呢、我没空、这事不归我管等直接或间接拒绝旅客的语言。如无法回答旅客询问的内容时,要主动说对不起,然后告知旅客前往正确地点询问,或协助旅客咨询其他相关部门。

接受多名旅客顾客同时问询时,3次内作答;在岗期间不得使用电话闲聊,不擅自离岗。

如需引导人员接听工作电话,要首先问候对方(如您好、早上好、晚上好等),然后主动告知对方本部门名称,通话音量要以对方能听清为宜,语速要适中,任何情况下均要避免在电话内大声喧哗。

(3)站姿规范

男性引导员站立时应保持头正肩平,两腿自然分开与肩同宽,或呈 V 状分开,双手搭握自然放于身前,或自然垂直放于身体两侧;女性引导员站立时应保持头正肩平,两腿及膝部并拢,双脚呈小丁字步,左脚脚跟置于右脚脚窝处。双手五指并拢,自然垂放于身体两侧或右手搭握于左手之上且虎口交叉自然放于身前。

图4-2 引导服务人员规范的站姿

(4)指示规范

为旅客指示方向时,应保持五指并拢、掌心朝上,或手掌微向内倾与地面呈45度,眼睛看指示的方向或物品;以胳膊的屈伸度表达指示距离的远近;工作人员持指示牌时,应双手紧握牌柄，指示牌的高度要高于头部。工作人员要以正面面对旅客，面带微笑并与旅客目光交流。

图4-3 引导服务人员规范的手势

为旅客指示方向时，手上不得拿、握对讲机、笔或电话等物品。

（5）递交规范

递接物品时，应将飞机票、证件、登机牌等正面朝上，以字体正面面对旅客并交于旅客手中，保持面带微笑或与旅客目光交流。

（6）涉外规范

①通则

在接待外宾旅客时，既不应表现得畏惧自卑、低三下四，也不应表现得自大狂傲、放肆嚣张，在涉外交往中要坚持"不卑不亢"原则。

②涉外服务的注意事项

与外国人交谈时，要避免涉及个人隐私（年龄、信仰、婚姻、健康等）的话题；按照国际惯例，以右为尊，在与旅客并排站立、行走或就坐时，为表示礼貌及尊重，工作人员应位于旅客的左边；在引导旅客行走时，切忌与客人相距过近，尤其要避免与对方发生身体碰撞；由于不同宗教、国籍的旅客有不同的风俗习惯，工作人员在引导外籍特殊旅客（儿童、老人）时，要避免与旅客有肢体上的触碰（头部、肩膀等）；在涉外交往中，按照国际礼仪惯例一般称呼男子为"先生"，对于女子，则无论年龄大小，统一称呼为

图4-4 导乘志愿者

"女士"。

③日常涉外交往的礼仪

遵守时间、不得失约；

谦恭礼让、女士优先；

尊重隐私、选择话题；

谈吐文雅、举止得体；

讲究卫生、注意仪表。

二、出港航班的引导服务

(一)上岗前的准备工作要求

(1)在航班开始值机时间前5分钟上岗，带好必备的工作用品；

(2)准备好当日航班的各项信息牌，认真核对，并检查航班显示是否正确；

(3)及时将航班信息准确记录在日常航班记录本上；

(4)如有VIP和特殊旅客信息，及时记录在航班记录本上；

(5)开启离港系统的电脑，输入航班号，准备登机时扫描登机牌；

(6)如遇电脑故障，通知电脑中心，并做好手工登机的准备；

(7)认真回答旅客的各种询问。回答问题时称呼在先，并能习惯使用礼貌用语。对待客人的提问要做到不厌其烦。无法解答的问题应向旅客提供能够正确回答旅客疑问的电话或指明方向；

(8)随时掌握候机大厅的旅客动态，对需要特别服务的旅客提供相应服务。

(二)出港航班的引导工作

国内航线旅客出港流程(图为民航候机楼各种公共标志)

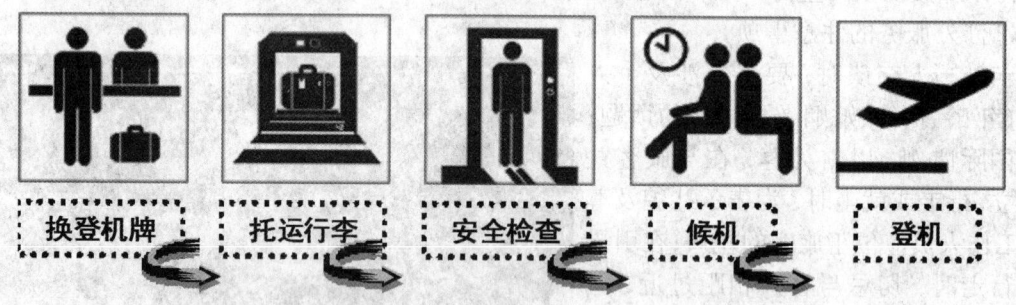

图4-5　换登机牌→托运行李→安全检查→候机→登机

国际航线旅客出港流程

海关→卫生检疫→换登机牌→托运行李→边防检查→安全检查→候机→登机

1.值机引导服务(值机导乘)工作

(1)站位要求(图4-2)

(2)主要职责

值机导乘要组织旅客值机排队顺序,维护好一米黄线的秩序,及时分流旅客。提醒旅客预先准备好票证,检查提醒旅客行李包装是否需要捆扎、上锁。提醒旅客将不能带入隔离区的物品(特别是液态物品、刀具)办理托运,将打火机等不能带也不能托运的物品预先处理。提醒旅客易碎等物品需特殊处理。对超大行李,提醒旅客到超大行李柜台办理托运。对行李较少的旅客,可协助旅客办理自助值机。观察是否有特殊旅客,及时引导到主任柜台。及时观察值机排队旅客,当人数较多时,可要求增开值机柜台。

图4-6 引导旅客办理(自助)值机手续

2. 出境旅客边防检查的引导服务工作

(1)引导服务

引导中外籍旅客、旅游团队等在相应通道外排队,辅以简洁引导语。

尽量引导头戴面纱的女性旅客到女性执勤人员值守的验证通道办理手续。

引导因迟到而可能延误飞机的旅客走"迟到免排"通道办理出境边检手续。

旅客偕行老人、儿童等人员,要求集中交验证件的,应予以办理。

(2)提示服务

提示排队的旅客提前准备护照证件备检,提示外国籍旅客填好外国人入出境卡后排队候检。旅客填写外国人入出境卡有困难的,应给予帮助。

提示中外团队旅客按团队名单表顺序排队候检。

(3)回应求助

当旅客有疑问和急难事求助时,迅速给予回答和帮助。对老、幼、病、残、孕和有紧急、特殊情况的旅客,应积极予以协助、指引通过特别通道优先办理边检手续。

(4)解释安抚

发现旅客存在紧张、烦躁、抱怨等可能引发矛盾的不良情绪时,可主动了解情况,尽量劝解安抚,提前化解矛盾,减少对其他候检旅客和台内检查工作的干扰。

(5)制止违规

发现不服从引导,不按规定排队,有意扰乱执勤现场秩序的人员,应及时以恰当方式劝阻、引导或依法制止,询问旅客"您好,我能帮什么忙吗?"然后提示其遵守现场秩序。

(6)有序交接

交接班人员行举手礼,进行交接。期间,保证引导服务工作不断不乱。

(7)离岗下勤

勤务结束后,对执勤现场候检区域进行检查,注意发现可疑人员和物品,重要事项报告科队值班领导处理,并做好相关登记。

3.登机口的引导服务工作

(1)站位要求(图4-2)

(2)主要职责

引导员接到商务调度出港的航班上客通知后,主动了解该航班人数及各种信息,将该航班的人数报商务调度;通知引导商务做好上客准备,及时把"登机"告示牌挂在登机动态栏内;电话通知信息中心某航班的登机信息,通知旅客登机。

登机时,头等舱旅客和特殊服务旅客优先登机,如飞机停靠桥位时,经济舱旅客实行分批登机,分批登机的要求是后舱旅客先登机,前舱旅客后登机。同时为保障航班准点控制登机时间,先后两批旅客登机的衔接要求以不堵塞登机通道为标准。旅客前后舱分批的原则如下:

①在旅客登机时,引导员或控制员应使用区域广播提醒旅客按秩序分批登机。对于不按秩序登机的旅客,引导员和控制员应做好旅客的劝阻和解释工作。

②在登机口撕牌的引导员应将廊桥通道里旅客排队的情况及时通知登机门的工作人员,合理控制旅客流量。

③团队旅客则按照团队所在舱位同批登机,同批旅客中不再另行区分前后舱登机;同行旅客恰好分舱时,也同批登机不再另行分批。

④对后舱旅客晚到时,应安排旅客在前舱旅客基本登机完毕后再行登机。

⑤如航班遇特殊情况时,控制员可根据现场和旅客需求另行决定旅客登机次序,但必须保障航班的准点和现场的登机秩序。

检票时,严格查验登机牌是否本次航班,严格查验旅客安全检查情况。登机牌上无安检章的旅客,将视作未进行过安全检查的旅客不予放行,应立刻交航班控制员处理。检票时,要主动使用礼貌用语。上客时,发现旅客携带体积大于20×40×55cm或重量大于10kg的大件行李,请旅客暂缓登机,向旅客说明情况后,交航班控制员补办行李交运手续。上客时,若该航班人数有变化,及时通知客运调度。根据离港系统显示迅速查找未登机旅客的姓名,广播寻找。如未用离港系统,通过旅客登记表和乘机联寻找未登机旅客姓名,并广播查找。

航班上客完毕后,清点已上客人数,并与航班控制员最后核对人数后报客调。在"航班记录本"上正确记录航班的登机人数、登机时间和登机完毕时间。

(3)引导工作

★飞机靠近廊桥时

①引导旅客登机时,引导员走在第一名旅客前,引导速度以大多数旅客能跟上为宜,将旅客引导到客舱门口;

②复撕每位旅客的登机牌和复查登机牌上安检章,以防止登机口漏撕或非本次航班的旅

客错乘;

③各廊桥转弯处、楼梯口和登机路线不明应有人员负责引导。

★飞机停靠停机坪时

①由两名引导人员带领旅客乘坐摆渡车至停机坪;

②安排1-2名发车人员,发车引导员要根据航班的人数情况合理安排摆渡车;

③发车人员要准确地向摆渡车司机报所上航班号和目的地;

④机坪复撕登机牌,商务人员最后上第一辆摆渡车与旅客一同前往停机坪;

⑤摆渡车到达停机坪后,引导员要先下车,旅客由前后客梯上飞机,在客梯口复撕每位旅客的登机牌;

⑥旅客登机完毕,引导员与值机员核对人数,再与乘务员核对总人数;

⑦引导员要密切注意旅客上下摆渡车、客梯的安全;

⑧引导员与该航班值机人员核对人数无误后离开。

4. 特殊旅客服务工作

(1)重要旅客

①接到VIP的通知,值班主任提前做好安排,让负责引导的商务做好准备;

②头等舱值机员将重要旅客安排好后,应与引导员做好交接工作,登机口引导员在交接单上签字;

③引导员在航班记录本上简单注明重要旅客的休息室号、座位号等简单情况;

④引导员登机前拿好交接单到贵宾休息室等候迎送重要旅客;

⑤对重要旅客上飞机的先后次序,应事先征得重要旅客的同意;

⑥登机时,应由专人负责引导重要旅客上机,如飞机停靠远机位,应事先安排好车辆送;

⑦重要旅客上飞机时,做好与空乘的交接工作,要求乘务人员在交接单上签字;

⑧送完重要旅客后要对交接单进行留存、记录;

图4-7 引导政协委员登机(图片来源自民航新闻网)

⑨不愿公开身份的重要旅客乘坐飞机时,免去迎送工作,一切乘机手续按普通旅客办理,但在旅客上飞机地点引导员应做好地面服务工作,并通知机组做好机上服务工作。

(2)无成人陪伴儿童

①引导员在接到无人陪伴儿童的通知后,应提前做好准备。

②值机工作人员将无人陪伴儿童带入候机厅内,与引导员进行交接。登机口引导员应在交接单上签字。

③引导员在航班记录本上简单注明无人陪伴儿童的情况。

④引导员妥善安排无人陪伴儿童在候机厅内指定地点休息,为儿童保管文件袋。

⑤航班登机时,由引导员带领儿童登机,起飞前交给乘务员,并与空乘交接签字。

⑥送完儿童后对交接单进行留存、记录。

图4-8 引导无成人陪伴儿童乘机(图片来源自民航新闻网)

(3)轮椅旅客

①引导员在接到轮椅旅客的通知后,应提前做好准备。

②值机工作人员将轮椅旅客带入候机厅内,与引导员进行交接。登机口引导员应在交接单上签字。

③引导员在航班记录本上简单注明轮椅旅客的情况。

④引导员妥善安排轮椅旅客在候机厅内指定地点休息。

⑤航班登机时,由引导员带领轮椅旅客登机。

⑥送完轮椅旅客后对交接单进行留存、记录。

(4)担架旅客

①引导员在接到担架旅客的通知后,应提前做好准备。

②值机工作人员与引导员进行交接,引导员应在交接单上签字。

③引导员在航班记录本上简单注明担架旅客的情况。

④引导员妥善安排担架旅客在候机厅内适当位置休息。

如担架旅客的救护车需要进入机坪时应注意：
——与商务调度联系了解救护车到达的时间，并报告救护车车辆号；
——通知安检部门，协助安检人员做好担架旅客的安检工作；
——引导员在预定位置等候救护车，从指定机场入口将救护车带入机坪。
⑤航班登机时，由引导员带领担架旅客登机。
⑥登机时担架旅客从后客梯上飞机。
⑦引导员应与乘务员进行交接，告知乘务组该担架旅客、陪同人员的座位、特殊要求等情况。
⑧对有关交接单进行留存，记录。

(5)其他特殊旅客(老人、孕妇、盲人、病伤旅客等)的服务
①对家庭式温馨服务中规定的服务对象做好服务工作。
②引导员在接到特殊服务的通知后，应提前做好准备。
③值机工作人员将特殊旅客带入候机厅内，与引导员进行交接，引导员应在交接单上签字。
④引导员在航班记录本上简单注明特殊旅客的情况。
⑤引导员妥善安排特殊旅客在候机厅内适当位置休息。
⑥航班登机后，由引导员带领特殊旅客登机。
⑦引导员应与乘务员进行交接，告知乘务组该特殊旅客情况。
⑧对有关交接单进行留存、记录。

引导人员必须在航班离港20分钟后，方可离开工作岗位。

三、进港航班的引导服务

(一)准备工作

(1)了解当日进港航班信息，并准确记录在航班记录本上，做好接机准备工作。
(2)如果进港航班有VIP，或者进港航班需轮椅、担架服务，应安排好车辆以及特种服务设施(担架、轮椅等)。
(3)值班主任及时了解进港航班的信息，做好接机的人员安排。

(二)进港航班的引导工作

国内航班旅客进港流程
下飞机→提取行李→行李标签检查→抵达大厅离开

国际航班旅客进港流程
下飞机→卫生检疫→边防检查→提取行李→海关检查→行李标签检查→抵达大厅离开

1. 登机口的引导服务
(1)飞机靠廊桥时
①两名引导员提前5分钟到达登机廊桥，等待进港航班。
②一名引导员在廊桥靠稳后，与空乘进行平衡载重表和其他业务文件的交接，并向登机口通报飞机进港情况(桥位、机号)。

③另一名引导员走在第一位旅客的前面，引导速度以大多数旅客能跟上为宜，将旅客引导至到达大厅，直至最后一位旅客方可离开。

（2）飞机停靠停机坪时

①两名引导员提前5分钟到达停机坪，等待进港航班。

②一名引导员在客梯车靠稳后，与空乘进行平衡表和其他业务文件的交接，并向登机口通报飞机进港情况（机位、机号），随第一辆乘坐摆渡车的旅客前往入口处。

图4-9　飞机停靠坪时的引导服务

③另一名引导员注意旅客乘坐摆渡车的安全，并根据航班人数通知摆渡车司机发车，随最后一辆摆渡车前往入口处。

④摆渡车到达入口处，引导员必须在车门口等候最后一名旅客下车后才能离开。

⑤进港航班舱单、业务文件等由引导员交至行李查询室并记录保存。

⑥引导员接机完毕后在日常航班记录本上签名，如有特殊情况应做好记录。

2. 特殊旅客服务工作

（1）重要旅客

①在接到VIP的预报后，值班主任提前做好安排，让负责接机的商务人员做好准备。

②如飞机停靠远机位，应事先安排好车辆。

③飞机到达，引导员与空乘做好交接工作，并在交接单上签名。

④引导重要的旅客到指定的区域，为重要旅客提取托运行李，并与VIP接待人员进行交谈。

⑤接完VIP后对交接单进行留存、记录。

（2）无成人陪伴儿童

①到达站应保证将儿童安全地交给迎接他的父母或监护人。

②飞机到达前，引导员应事先了解有关无人陪伴儿童的信息，并做好准备。

③飞机到达时，乘务员应将儿童和文件袋交给到达站的引导员，乘务员和引导员办理交

接手续。

④在办完交接手续后,引导员应将儿童带到候机厅,并且为其办理提取行李手续。

⑤引导员将儿童和文件袋交给迎接儿童的父母或监护人,并要求在交接单上签名。

⑥完毕后引导员在交接单上签名,并对有关单据进行留存、记录。

(3)轮椅旅客

①飞机到达前,引导员应事先了解有关轮椅旅客的信息,并做好准备。

②飞机到达时,乘务员应将轮椅旅客交给到达站的引导员,乘务员和引导员办理交接手续。

③在办完交接手续后,引导员应将轮椅旅客带到候机厅,必要时为旅客办理提取行李手续。

④引导员将轮椅旅客安全送到机场出口。

⑤完毕后引导员在交接单上签名,并对有关单据进行留存、记录。

(4)担架旅客

①飞机到达前,引导员应事先了解有关担架旅客的信息,并做好人员配备等准备工作。

②根据飞机到达情况与救护中心联系好救护车到达的时间,把救护车的车牌号报给商务调度。

③引导员在预定位置等候救护车,从指定机场入口将救护车带入机坪。

④飞机到达时,乘务员应将担架旅客交给到达站的引导员,乘务员和引导员办理交接手续。

⑤在办完交接手续后,引导员应将担架旅客送上救护车,必要时为他办理提取行李手续。

⑥完毕后引导员在交接单上签名,并对有关单据进行留存、记录。

(5)其他特殊旅客(老人、孕妇、盲人、病伤旅客等)的服务

图4-10 对特殊旅客的服务

①飞机到达前，引导员应事先了解有关特殊旅客的信息，并做好准备。

②飞机到达时，乘务员应将特殊旅客交给到达站的引导员，乘务员和引导员办理交接手续。

③在办完交接手续后，引导员应将特殊旅客带到候机厅，必要时为旅客办理提取行李手续。

④完毕后引导员在交接单上签名，并对有关单据进行留存、记录。

实训任务

请与你的团队成员紧密合作，在老师的指导下，应用所学到的知识，利用网络调研、资料收集或者实地访谈等形式，对机场引导服务工作进行调研型学习。

◆ 实训准备

组建3-5人规模的项目团队，建议团队中应包含男性和女性，名额以单数为好，以便处理意见分歧。

确定引导工作程序。

准备签字笔、记录本，有条件的话，准备相机和录音笔。

编制调研（访谈）提纲，可以依据所学的机场功能与分区的相关知识。

◆ 实训案例

随着暑运高峰的到来，各航空公司的"无成人陪伴儿童"旅客数量急剧增加。为此，某航空公司推出了针对"无陪儿童"的空地无缝对接"一站式"服务，设立"单飞导乘"，专门服务"无陪儿童"，设立"单飞天下"，专供"无陪儿童"休息候机，做到了办理登机手续、托运行李、候机、登机、起飞、到达等各环节的无缝隙服务。他们的用心呵护，使"单飞"儿童不再孤单，解除了家长们的后顾之忧。请你设计一套无陪儿童的导乘服务方案。

◆ 实训步骤

由团队代表陈述服务方案。

情景模拟。

教师和企业专家共同评分。

课后练习

1. 候机楼引导服务工作的主要职责是什么？
2. 熟知国际出发流程。
3. 特殊旅客引导流程是什么？

学习资源

◆ 文献类

[1] 赵影. 浅议航空地勤人员队伍的构建与服务质量提升[J]. 现代商业, 2011, (1)。

[2] 顾胜勤. 从民航机场候机楼服务岗位技能大赛谈民航服务[J]. 空运商务, 2013, (10)。

[3] 任新惠. 建立机场候机楼服务质量标准[J]. 民航经济与技术, 2000, (08)。

◆ 案例类

春运期间请多关注第一次乘机的旅客, http://news.carnoc.com/list/305/305756.html

加强服务管理,提升服务质量, http://news.carnoc.com/list/260/260146.html

怎样正确和有效服务不同旅客群体, http://news.carnoc.com/list/183/183973.html

项目五　值机实务

学习目的

1. 熟悉值机服务人员的岗位职责与服务质量标准
2. 了解值机岗位的工作流程
3. 掌握办理旅客乘机手续的业务要求
4. 了解多种值机方法

案例引入

2月11日春运第八天,也是农历小年,随着春节临近,福州机场进出港旅客明显上升。春运第一周福州机场执行航班1820架次,运送旅客约22万人次。随着客流的不断增加,为确保旅客顺利出行,元翔福州空港陆续推出"便携值机"、"二维码值机"、"一证通关"等多样化值机服务,全方位打造绿色值机通道,帮助旅客快速乘机,迅速出行。

移动值机是福州机场在春运期间新推出的一项特色值机服务。它相当于一个流动的值机柜台,不仅可以缓解高峰期值机柜台排队的问题,为旅客节省值机时间,还可以满足旅客自主选座等个性化需求。旅客在办理值机手续期间,工作人员手持一部仅有7英寸大小的平板电脑,腰间挎着一个蓝牙便携式袖珍打印机,在排队等待办理值机手续的旅客中穿梭。旅客如果无需托运行李,只需提供二代身份证给工作人员,并自主选择喜欢的座位,由工作人员利用移动值机设备打印登机牌,整个过程不到30秒钟。

自助值机。福州机场候机楼国内出发厅配备16台自助值机设备,旅客可以在航班计划起飞前180分钟至40分钟(延误航班以预计起飞时间为准),凭中国二代居民身份证或有效护照使用自助值机办理登机牌,无需在值机柜台排队等候。自助值机办理乘机手续包括语言选择、证件选择、证件扫描、确认行程、座位选择、核对座位(如果所选座位已被占,系统会自动分配一个座位号)、打印登机牌,1分钟即可获取登机牌。

一证通关，旅客乘坐福州机场出发的国内航班，只需持有效的二代身份证在航班起飞前40分钟，直接前往福州机场候机楼二楼国内出发F、G专属安检通道，换取登机凭证，即可实现快速值机、安检的便捷"一证通关"服务。

二维码值机。目前除春秋航空外，国内各大航空公司已相继开通二维码值机服务。如果您已订妥机票，即可提前登陆所乘坐的航空公司官方网站，输入姓名和身份证号，并选择所搭乘的航段和想要乘坐的座位号，航空公司官网的后台就会将短信二维码发送到旅客填写的手机号码上，旅客办理完网上值机，到达机场后，可直接前往安检区域的指定通道(候机楼二楼国内安检通道A、F、G及三楼贵宾安检)办理二维码登机安检手续，安检工作人员通过扫描旅客手机中的二维条形码核对旅客信息无误后，发放手机值机旅客登机凭证，无需在值机柜台排队换取登机牌。手机值机旅客登机凭证应妥善保存，不要揉捏折叠，以备登机口登机时刷牌使用。

案例来源：和讯新闻，《福州机场多样化值机方式助旅客春运便捷出行》2015.2.11
http://news.hexun.com/2015-02-11/173287998.html

案例启示：

有关值机流程的新技术正在当今的航空市场中扮演着重要角色。不同的因素会影响旅客选择通过哪座机场旅行，比如服务水平、熟悉程度、可靠性等等。由于来自旅客的收入占机场收入很大的部分，强化旅客体验一直都是机场所要关注的问题。

知识准备

一、了解值机的概念与工作流程

（一）值机的概念

1. 值机的定义

值机是为旅客办理乘机手续、接收旅客托运行李等旅客服务工作的总称，是民航旅客地面服务的一个重要组成部分，民航运输生产的一个关键性环节。其工作内容包括办理乘机手续、办理行李托运、查验旅客机票和身份证件、回答问询、特殊旅客保障服务、拍发业务电报等。值机属于民航旅客运输的一个业务环节。民航旅客运输总体划分为客票销售、地面服务、空中运输三大部门。在民航旅客运输过程中，值机是在客票销售完成之后空中运输开始之前一道极为重要的工序，是地面服务部门的一个重要业务岗位。

2. 值机工作的性质

航空运输业在经济学中被划分为第三产业，具有三个特征：(1)生产无形的服务产品——旅客(货物)的位移服务。(2)产品生产过程与消费过程的同一性。(3)产品不可贮存性。以上特点决定了航空运输业必然具有淡旺季之分。值机作为民航旅客运输的一个业务部门，是为生产旅客的位移服务产品提供辅助性支持的，提供的是无形的服务产品——值机服务，具有产品无形性、生产与消费过程的同一性和产品不可贮存性等所有第三产业的共性。另外，值机工作还有一个特性,即相对于配载、航班运行管理、座位控制等部门,值机工作是直接面向旅客的服务过程,具有"窗口"性。因此,热情周到地为旅客服务,快速高效地为旅客办理乘机手续,尽最大可能满足旅客各方面的需要是值机工作的内在要求。

3. 值机柜台的种类

值班主任值机柜台

主要处理航班超售,对于实超后落下的旅客,按公司相关规定进行现金的补偿或食宿安排;保障每天不正常航班(延误、取消、备降)的信息传递,开具航班取消或离站时间证明,与调度和相关岗位做好交接和后续处理工作,并对旅客做好解释工作;接收晚到、中转、担架、押送犯人旅客,做好相关指引,协助普通柜台处理醉酒旅客及外国旅客座位需求等;接收外航改签至本公司航班的旅客及公司候补旅客;为旅客开具超大行李放行单和贵重物品放行单并将此信息报值机监控。

普通舱旅客值机柜台

任何旅客在指定的普通值机柜台都可办理登机、托运手续,选择性多样。

特殊旅客服务柜台(高端旅客服务柜台)

为国际国内航班的 VIP、头等舱旅客,持本航空公司会员卡、贵宾卡的旅客提供专属服务,方便旅客、提升旅客满意度及便捷的服务柜台。

自助值机柜台

自助值机柜台是航空旅行中办理登机牌等手续的自动输出机器。它相比人员值班办理手续等方面节省了大量的时间和人力,是智能化水平比较高的科技服务设备。

图 5-1 自助值机柜台

二、值机流程

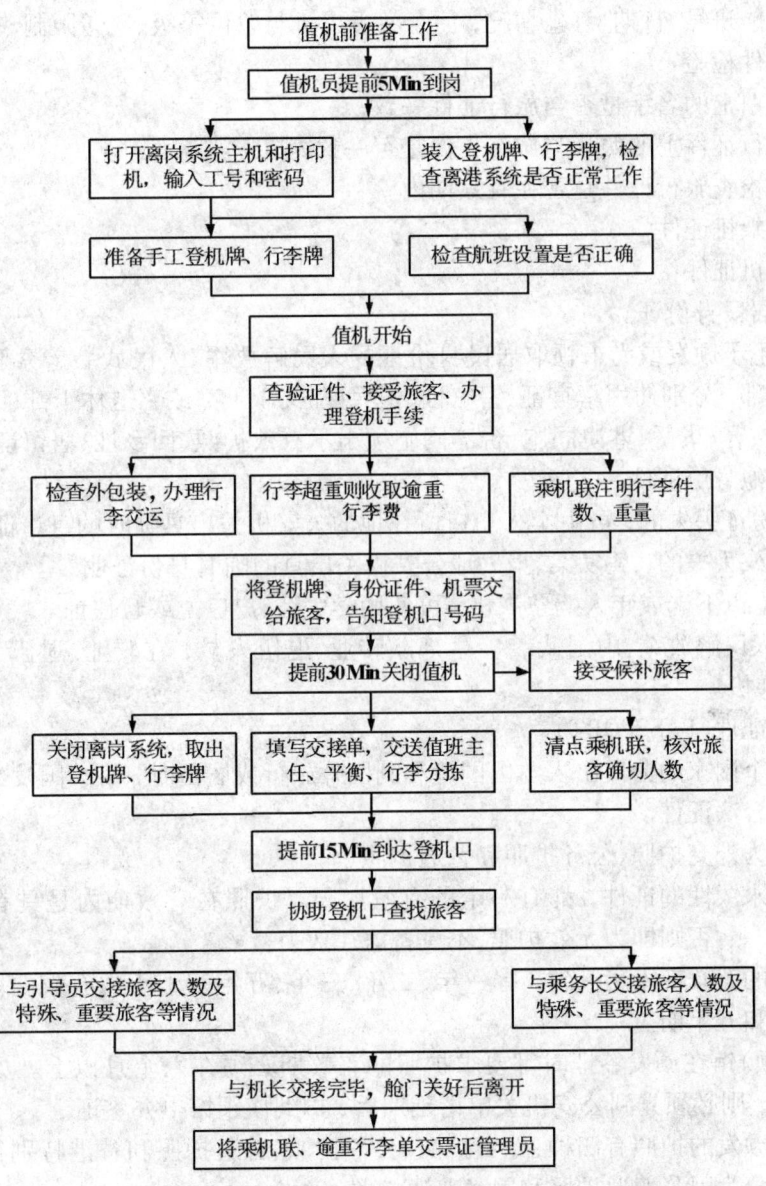

图 5-2 值机流程

(一)值机前的准备

检查自身仪表仪容;核对航班起飞时间、登机门,检查值机柜台分配;准备登机牌、行李牌、交接牌等必备工作用品,手工航班准备旅客名单及登记表格;事先准备报关单据;检查安检机、离港设备、值机显示屏正常，打开传送带电源开关；在柜台前摆放地毯，在值机柜台上摆放各类常旅客、安全提示等提示牌。

(二) 查验客票和证件

1. 机票检验

检查机票航班号、日期、订坐情况，注意察看票价与舱位等级、签转限制、有效日期等。

2. 旅行证件检验

姓名　机票上的名字是否与旅行证件一致；

照片　旅行证件上的照片与旅客肖像是否一致；

有效期　检查旅行证件是否在有效期内。

3. 有效的乘机证件

有效的乘机证件：

(1) 有效居民身份证。

(2) 法定不予颁发或尚未领取居民身份证的人民解放军、人民武装警察官兵及其文职干部和离退休干部，分别使用军官证、警官证、士兵证、文职干部或离退休干部证件。

(3) 外国旅客、华侨、港澳同胞、台湾同胞须出示有效护照、回乡证、居留证、旅行证或公安机关出具的其他身份证件。

(4) 如身份证丢失的，可由本人户口所在地的公安机关出具临时的身份证明；如在户口所在地以外被盗或丢失的，凭发案、报失地公安机关出具的临时身份证明。

(5) 十六岁以下未成年人购票乘机，可使用学生证、户口簿或暂住证。

(6) 中国人民解放军、中国武装警察部队转业、退伍人员，在转业、退伍半年内，凭转业证、退伍证可乘机。

4. 护照类证件 (PASSPORT)

护照是一个国家的公民出入本国国境和到国外旅行或居留时，由本国发给的证明该公民国籍和身份的合法证件。

一般可分为外交护照、公务护照和普通护照。

护照不是永久性的证件，都有一定的有效期限。护照在有效期内是具有法律效力的证明，即为有效护照，否则即为无效护照，不具备法律效力。

各国护照的有效期不尽一致，有一年、二年、三年、五年和十年内有效的。我国的护照有效期有二年期和五年期。

各国使(领)馆在颁发签证时都要求护照的有效期必须在六个月以上。如果护照有效期不足六个月的，则必须先到公安机关申请延期后，再到使领馆申办签证。

我国政府颁发的护照有四种：外交护照、公务护照、普通护照和香港特别行政区护照，其中普通护照又分为因公普通护照和因私普通护照。

外交护照

颁发部门——外交部签发。

颁发对象——外访的党政领导和高级官员以及派驻国外的外交官等。

公务护照

颁发单位——外交部、中华人民共和国驻外使馆、领馆或者外交部委托的其他驻外机构以及外交部委托的省、自治区、直辖市和设区的市人民政府外事部门签发。

颁发对象——常驻国外机构的工作人员及其配偶和未成年子女等。

香港特别行政区护照

主要颁发对象——持有香港永久性居民身份证的中国公民。

(三)座位安排

航班不满时,要兼顾机舱各区对飞机平衡的影响,尽量安排旅客平均分布。同行旅客、家庭旅客应尽量安排在相邻座位上。病残旅客、孕妇、无人陪伴儿童、盲人等需要特殊照顾的旅客应安排在靠近服务员、方便出入的座位,但不应该安排在紧急出口旁边的座位上。

旅客座位的安排原则:

1. 符合载重平衡的要求

(1) VIP 安排在预留的前排座位或旅客要求的座位。

(2) 需要特殊服务(残疾人、婴儿等)的旅客的座位安排:靠近客舱乘务员或指定座位。

(3) 舱位超售:经济舱座位超售或头等舱/公务舱座位超售,升舱或非自愿降舱。

(4) 团体旅客、家庭成员或需要互相照顾的旅客,如病人及其陪伴人员等,应尽可能安排在一起。

(5) 不同政治态度或不同宗教信仰的旅客,尽量不要安排在一起。

(6) 紧急出口处座位安排:不能安排孕妇、病人、老人、肥胖人、押解犯人、儿童、带婴儿的、外籍人士(国内航班上)、近视者等,最好安排青壮年男士。

(7) 多航段飞行或国际航班的国内段载运旅客时,不同目的地的旅客分开安排。

(8) 航班经停站有 VIP、特殊旅客或需要照顾的旅客时,事先通知始发站预留座位。

2. 紧急出口座位

严格按照相关规定发放,老人、儿童、孕妇、外籍旅客、轮椅旅客、担架旅客、病残旅客、犯人、弱智者、语言不通者、在紧急情况不愿意协助他人者等特殊旅客均不得安排在紧急出口的座位。

3. 犯人旅客

安排离一般旅客较远,不靠近紧急出口和不靠窗的座位,其押运人必须安排在犯人旅客旁边的座位上。先上后下。

4. 担架旅客

须拆机上坐椅的担架旅客必须本着避免影响其他旅客的原则,一般应在客舱尾部,避免其他旅客在进出客舱时引起注意;所拆座位不能在紧急出口旁边。

5. 婴儿

婴儿如乘坐有摇篮位的机型,则安排在摇篮位;

没有摇篮位的在航班不满的情况下,可将其旁边的座位空出;

根据飞机上对婴儿座位的要求,相连的座位不能同时办理两个婴儿,旅客要求时应做好解释。

6. 高大、肥胖旅客

不能安排在紧急出口处和影响紧急出口旅客疏散的座位;

航班不满的情况下可将这名旅客旁边座位空出;

有头等舱座位的机型,在没有重要客人占用经济舱第一排且配载平衡允许的情况下,可发放经济舱第一排座位。

(四)收运行李

行李是指旅客在旅行中为了穿着、使用、舒适或方便的需要而携带的必要或适量的物品和其他个人财物。承运人承运的行李,按照运输责任分为托运行李、自理行李和随身携带行李。

1. 托运行李

托运行李指旅客交由承运人负责照管和运输并填开客票和行李票的行李。此类行李将被计重并贴行李牌放置于飞机的行李舱或货舱中,旅客在飞行中无法接触到。

2. 自理行李

自理行李是指经承运人同意由旅客自行负责照管的行李。如易碎物品、贵重物品、外交信袋等特殊物品,可由旅客带入飞机客舱。

3. 随身携带行李

随身携带行李是指经承运人同意由旅客自行携带乘机的零星小件物品。

询问与托运事项提醒

问询旅客是否有托运行李及托运目的地。提醒旅客托运行李中不得夹带贵重物品、证件及违禁物品。重要文件和资料、外交信袋、证券、货币、汇票、贵重物品、贵重金属及其制品、银制品、古玩字画、易碎易腐物品、样品、旅行证件以及其他需要专人照管的物品,不得作为行李托运或夹入行李内托运。承运人对托运行李内夹带上述物品的遗失或损坏按一般托运行李承担赔偿责任。国家规定的禁运物品、限制运输物品、险物品以及具有异味或容易污损飞机和其他行李、货物的物品,不能作为行李或夹入行李内托运。承运人在收运行李前或运输过程中,发现行李中装有不得作为行李或夹入行李内运输的任何物品,可以拒绝收运或随时终止运输。旅客不得携带管制刀具乘机,管制刀具以外的利器或钝器应随托运行李托运,不能随身携带。

交运的行李必须包装完善、锁扣完好、捆扎牢固,能承受一定的压力,能够在正常的操作条件下安全装卸和运输,并应符合下列条件,否则,承运人可以拒绝收运。旅行箱、旅行袋或手提包等必须加锁。

(1)两件以上的包件,不能捆为一件;包装上不得附插其他物品;

(2)竹篮、网兜、草绳、草袋等不能作为行李的外包装物。

交运行李的包装不符合要求,应拒绝收运。如旅客仍要求交运,则拴挂"免除责任行李牌"。"免除责任行李牌"上列明了多种必须拴挂此牌的行李,凡属此之列的行李都要挂"免除责任行李牌",并在"免除责任行李牌"上对所属问题划出符号。

(五)发放登机牌

登机牌是机场为乘坐航班的乘客提供的登机凭证,乘客必须在提供有效机票和个人身份证件后才能获得,也有人称之为登机证或登机卡。

常见的登机牌绝大多数为硬纸卡,大小形状不一,1997年后国内统一使用长方形,约80mm宽、200mm长的登机牌,正面印有机场、航空公司或民航机构的名称和徽记,以及可供填写乘机人姓名、航班号、航班起讫站、座位号、舱位等级、日期与登记时间、登机口等内容,部分登机证还注明允许吸烟航班或禁烟航班的标志。

三、值机系统操作实务

(一)值机系统

旅客值机控制(CKI)是计算机离港控制系统(Departure Control System),简称 DCS 的两大部分之一(另一部分为配载平衡 LDP)。CKI 与 LDP 可以单独使用,也可以同时使用。它们在使用过程中由 FDC(Flight Data Control)系统进行控制。Check – in 指令可以在任何有定义的航空公司的 VDU(终端)上使用,每个 VDU 可以同时办理多个航班。反过来,每个航班可以在任何一台 VDU 办理。

在办理旅客值机前,离港系统(DCS)要从订座系统(RES)获得订妥了座位的旅客记录。准备航班计划,安排飞机,实施航班数据地控制(FDC)。旅客值机系统(Check In),是一套自动控制和记录旅客活动全过程的计算机控制系统。它具有如下的五种办理值机的方式:

1. 旅客姓名方式(NAM)

根据旅客身份有效证的号码,通过提取旅客姓名,确认航班、人数、舱位等级,接收行李和发放登机牌。这种方式是最常用的值机方式。

2. 部分旅客姓名方式(PNM)

输入部分旅客姓名,系统列出清单,选择清单序号的旅客,办理值机手续。

3. 序号方式(PNM)

按订座旅客数和飞机尚有的实际座位数,系统列出旅客姓名清单,选择清单序号的旅客,办理值机手续。

4. 旅客网上办理(WEB)

旅客通过 Web 网络,自主办理值机手续,不过行李的托运应到机场柜台办理。

5. 手工方式(NON)

不是由计算机,而是由值机工作人员来办理值机手续。

旅客值机系统(Check In)航班关闭分三步:

第一步:初始关闭,尽可能多地接收旅客。对以后到来的旅客限制在登机口接收,值机柜台不再接收旅客。

第二步:中间关闭,值机关闭航班,发送航班关闭信息,通知配载部门最后一名旅客已经办理好乘机手续。可以作配载平衡工作了。

第三步:完全关闭,系统向有关部门发送有关报文。航班完全关闭后,不再接收旅客。

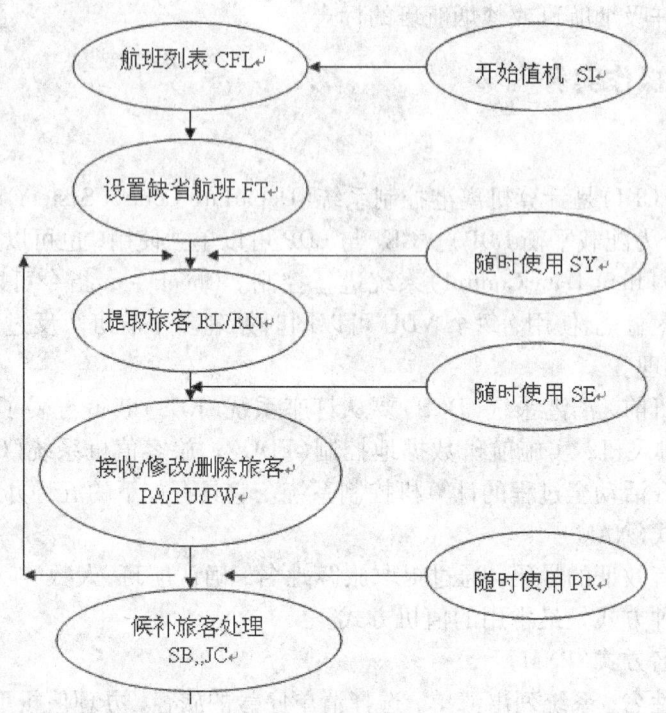

图 5-3 旅客值机流程步骤和命令

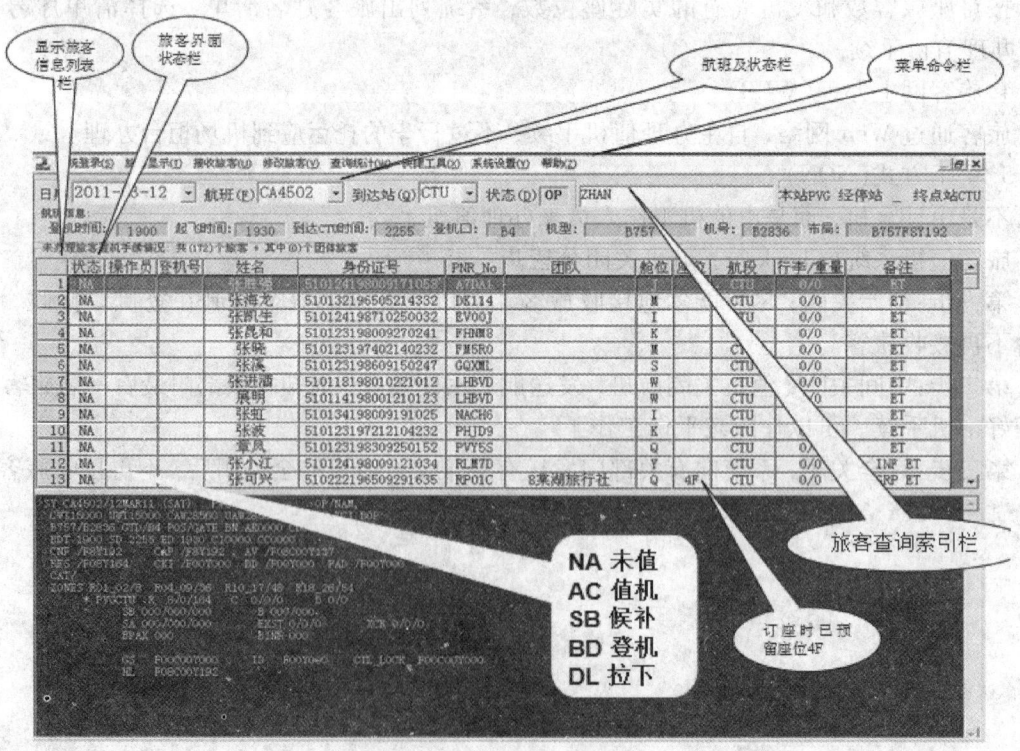

图 5-4 值机系统前端界面

目前，国内民航各大机场，所使用的值机系统可分为前台的可视化(NEW APP)系统和黑屏的指令值机系统。可视化(NEW APP)系统是将离港系统的值机指令的功能集成封装到可视化的 Windows 功能界面上，能使值机过站人员方便地在 Windows 界面上完成值机工作。

(NEW APP)系统的特点：可视，功能实用，规范，操作方便。但就值机系统功能的完整齐全、灵活、核心知识、技术、技能的掌握和提高等方面，仍然是黑屏的指令值机系统为主导。

(二)值机系统操作实务

1. 订座旅客的接收

如图 5-5 所示：

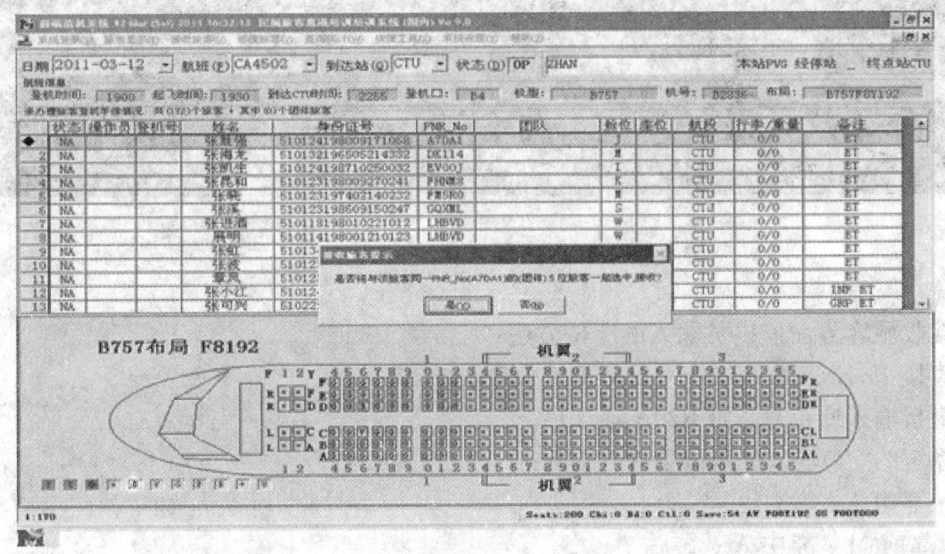

图 5-5

(1)在日期列表中选择日期：2011-03-12，在航班列表中选择航班 CA4502，分别按〔ENTER〕键。

(2)在列表中显示调出的旅客信息，F6 键调出机型座位图。座位图的座位上如果出现 V，G，R；表示座位在订座系统中已经预留，V 代表 VIP，G 代表团体旅客，R 代表特殊旅客。

(3)查找张胜强旅客，输入 ZHANG 后，列表中所有姓张的旅客都会出现。移动键盘键↑或↓，光标(浅蓝色)到列表中张胜强所示行，键入空白键选中，再键入〔ENTER〕键，对张胜强旅客进行接收操作。

(4)回答提示，Yes. 进入下一子界面，接收旅客界面。

接收旅客界面如图 5-6 所示：

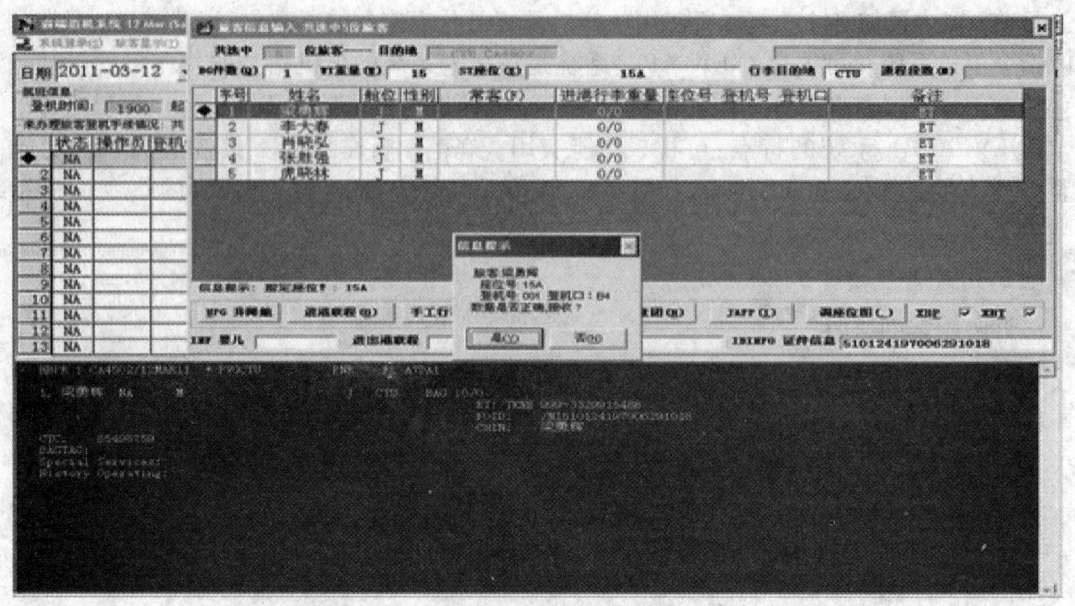

图 5-6

在接收旅客界面值机员输入的座位方法:
①直接 按 ENTER 键,让系统分配座位号。
②直接输入座位号,如 R20A 或 20A。
③系统约定,输入的座位条件,如下:
W:靠窗 I:靠通道
F:靠前 M:靠中 A:靠后
L:靠左 R:靠右
WF,FW:靠前窗 WM,MW:靠中窗
WA,AW:靠后窗 WL,LW:靠左窗
WR,RW:靠右窗 IF,FI:靠前通道
IA,AI:靠后通道
WFL,WLF,FLW,FWL,LFW,LWF:靠前左窗
WML,WLM,MLW,MWL,LMW,LWM:靠中左窗
WAL,WLA,ALW,AWL,LAW,LWA:靠后左窗
WFR,WRF,RFW,RWF,FRW,FWR:靠前右窗
WMR,WRM,RMW,RWM,MRW,MWR:靠中右窗
WAR,WRA,ARW,AWR,RAW,RWA:靠后右窗
LIF,LFI,FLI,FIL,IFL,ILF:靠前左通道
LIM,LMI,MLI,MIL,IML,ILM:靠中左通道
LIA,LAI,ALI,AIL,IAL,ILA:靠后左通道
RIF,RFI,FRI,FIR,IFR,IRF:靠前右通道

RIM，RMI，MRI，MIR，IMR，IRM：靠中右通道
RIA，RAI，ARI，AIR，IAR，IRA：靠后右通道

（5）在接收旅客界面上，在列表中，（如果有多个旅客，可键入↑或↓，选择旅客）键入空白键选中，进入行李、重量、座位输入框，进行数据输入。然后（无行李或让系统分配座位，可直接）键入[ENTER]。多个旅客可以一次输入行李 重量，（行李记录在一个旅客上），键入[ENTER]。

对于操作键入的座位号，要核对是否是已经占用或预留。系统分配座位会自动检测。

（6）在接收旅客界面上，系统正常接收旅客的标志是打印出登机牌和行李牌。

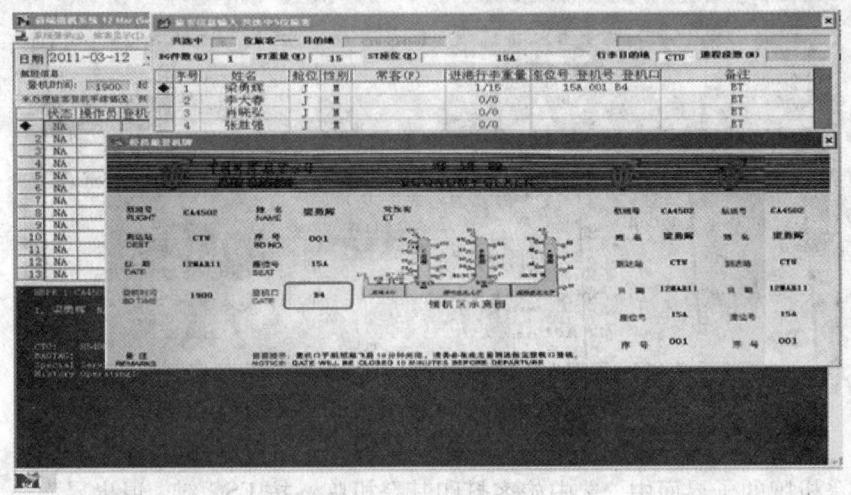

图 5-7

（7）系统正常接收旅客后，返回主界面。

（8）键入 F3 键（已/未值机旅客列表切换），显示已经接收旅客的信息：接收状态 AC，登机号，座位号和行李牌号……。如图 5-8 所示的旅客列表中。

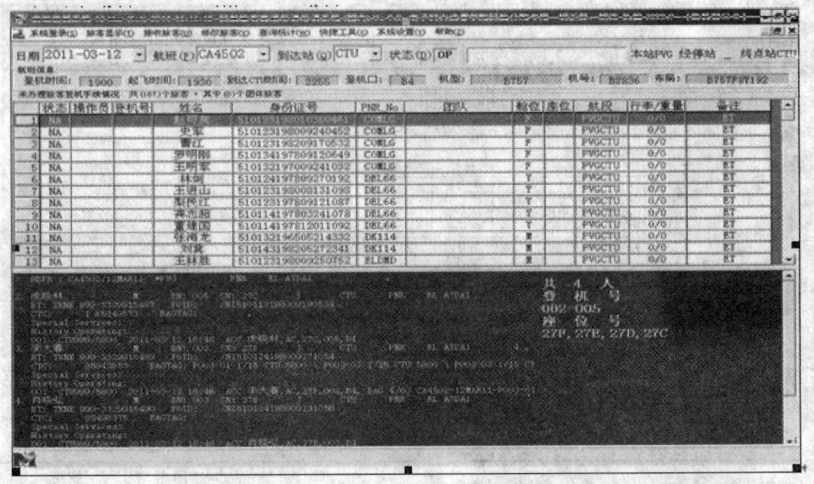

图 5-8

(9)键入 F6(座位图/主机回显切换),调出航班的值机座位图。

值机座位图座位上的符号标记:

表示:此座位已经值机接收,被占用。这是【培训系统】的约定。其他:

X:系统锁定座位。　　T:锁定过站座位。　　*:可利用座位。

R:订座系统预留座位。　G:团体预留座位。　　V:VIP 预留座位。

P:离港系统预留座位。　+:婴儿预留。　　B:婴儿占座。　　U:儿童占座,等。

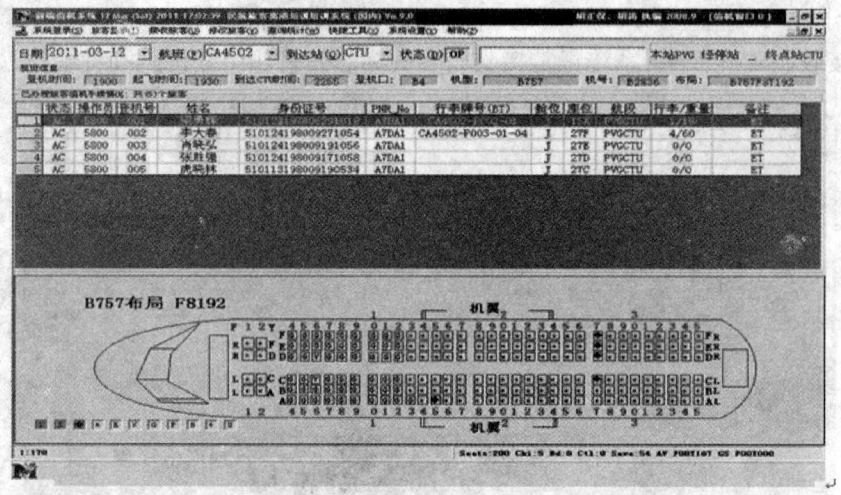

图 5-9

在重打登机牌的子界面中,选中旅客打印其登机牌。按 ESC 键,退出界面。

(10)重打行李牌。可能出于特殊情况需要。

选中旅客,键入 F7(重打行李牌),如图 5-10 所示:

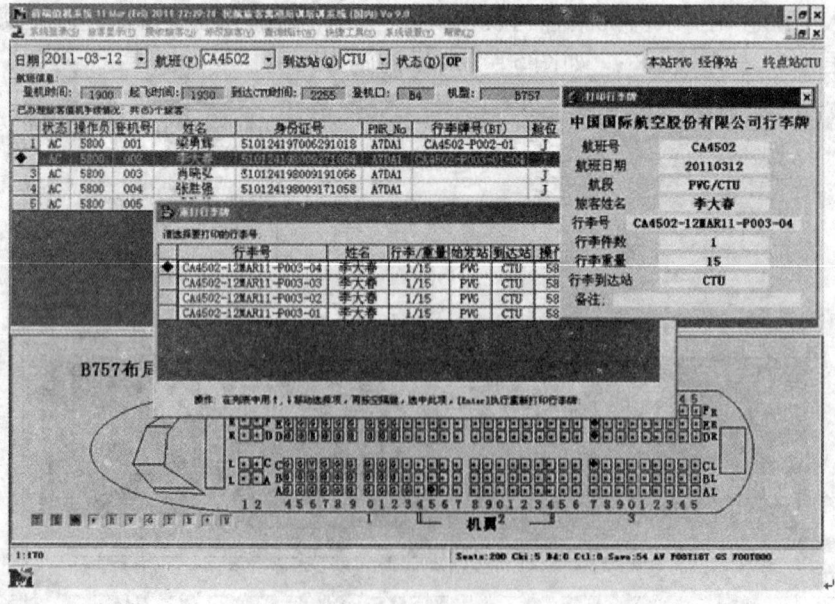

图 5-10

(11) 单个旅客的预接收。(F9 键)

所谓预接收，就是在正式接收旅客之前给指定的旅客添加常旅客号、婴儿、行李和预留座位号。操作:F3 键，选择未值机旅客列表。↑或↓键，光标落到旅客记录行上，空格键，选中该旅客，F9 键，进入单个旅客预接收界面。如图 5-11：

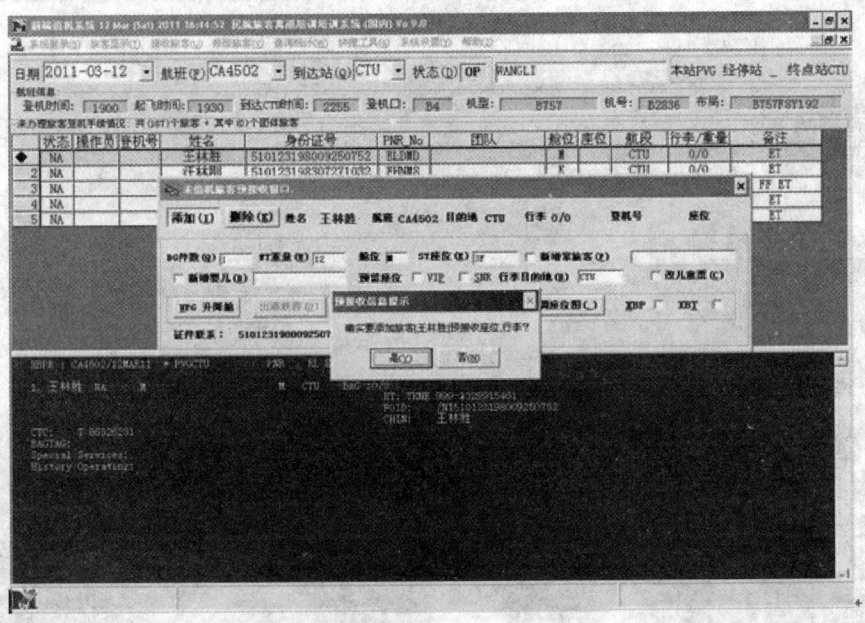

图 5-11

回答 YES。F5 键，查看王林胜，F6 键，查看座位图，13F 状态 P，已经预留。

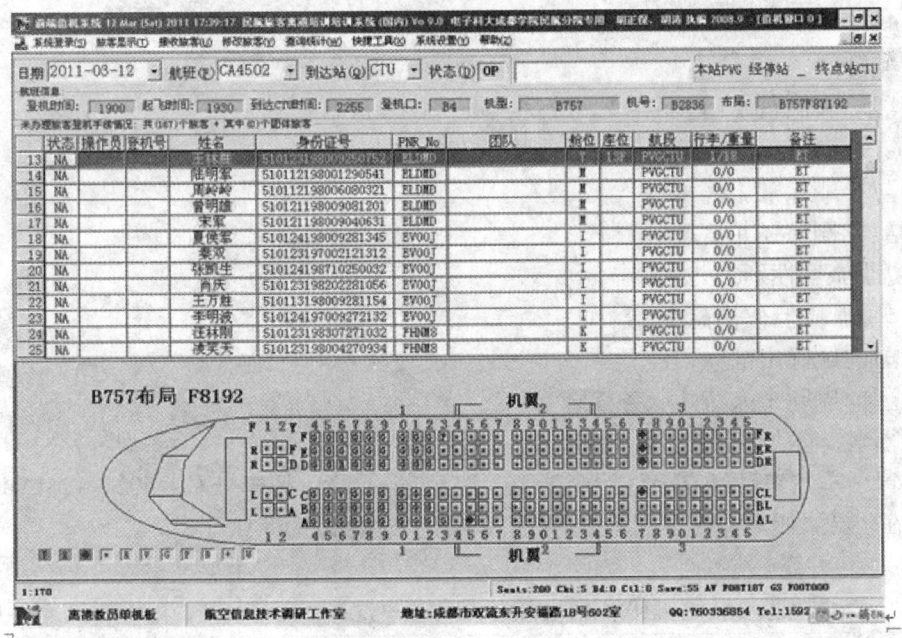

图 5-12

(12) 已接收旅客的单个修改（F9 键）

操作：F3 键，F2 键 进入已值机旅客列表或全部旅客列表。↑或↓键，光标落到旅客(已接收)记录行上，空格键，选中该旅客，F9 键，进入单个旅客修改界面。如下图，选中黄小军。

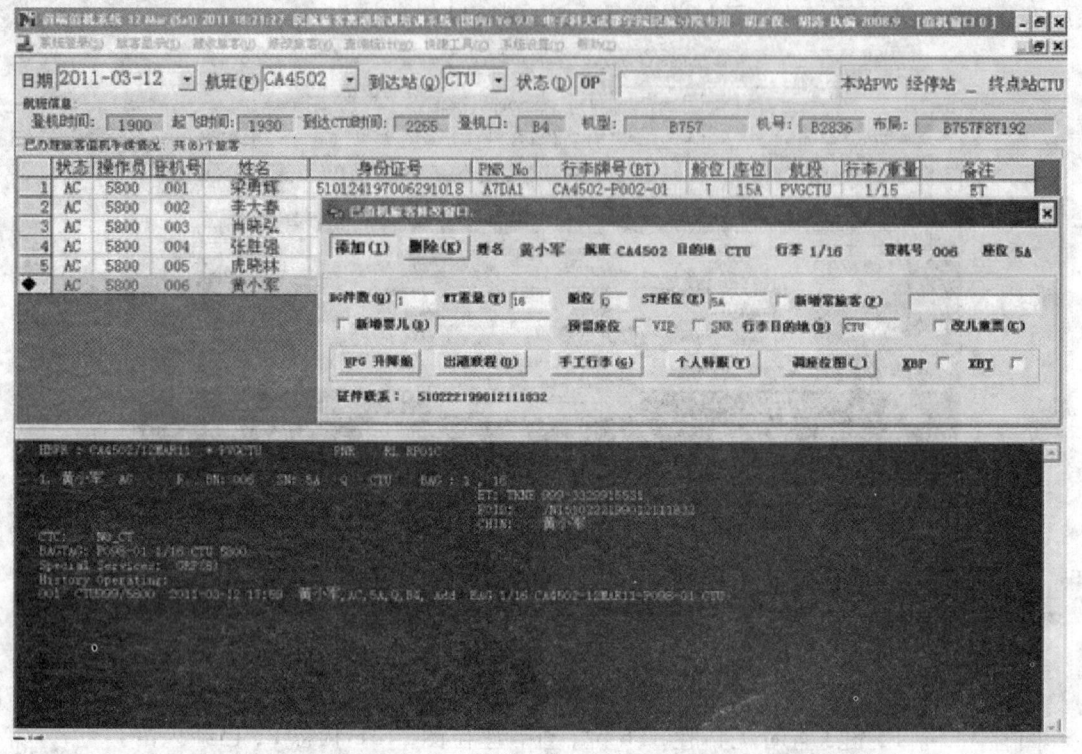

图 5-13

修改项目：

(1) 增加/删除行李（增加行李，系统将重新打印行李牌）

(2) 修改座位信息（替换座位，系统将重新打印登机牌）

(3) 增加/删除常旅客号

(4) 增加/删除婴儿信息

(5) 更改旅客性别为儿童

(6) 增加升降舱位信息

(7) 增加/删除出港联程信息

(8) 增加/删除个人特殊服务信息

添加行李，修改座位号

旅客黄小军本来已经有一件行李 1/16，座位号为 5A。行李号 CA4502 - 12MAR11 - P098 - 01，现在，要添加 1 件行李。重量 10 公斤，座位号修改为 8A。

操作：

F3 键，F2 键，进入已值机旅客列表或全部旅客列表。↑或↓键，光标落到旅客(已接收)记录行上，空格键，选中该旅客，F9 键，进入单个旅客修改界面。

选中黄小军。

然后,选择左上按钮为〔添加〕。

接着输入1件行李,重10公斤,座位号由5A修改为8A。

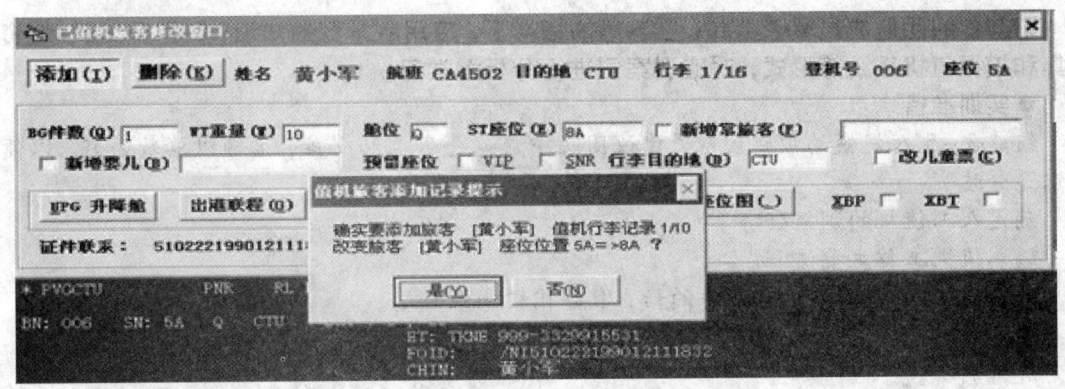

图 5-14

〔ENTER〕键,回答提示:Yes,系统执行。查看只是增加了行李,座位并未修改。

按F6键,调出座位图,原来,座位8A的状态标志是G,已被别的团体旅客预留。

只好重新进入,修改座位号,由5A修改为18A,〔ENTER〕键,回答提示:Yes,系统执行。有如下结果:成功。

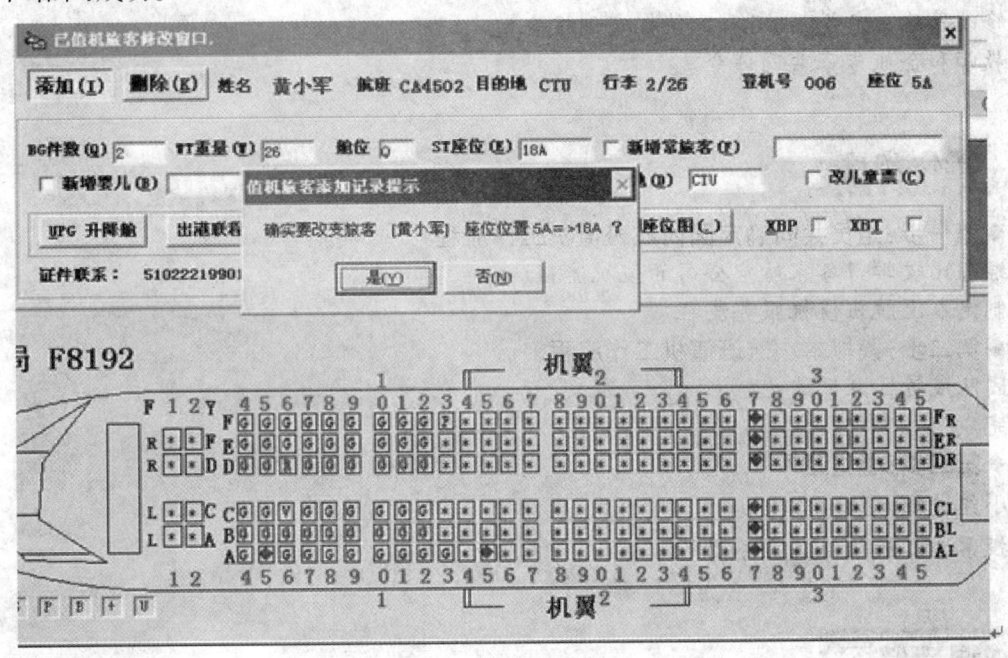

图 5-15

> **实训任务**

请与你的团队成员紧密合作，在老师的指导下，应用所学到的知识，利用网络调研、资料收集和模拟值机系统等形式，对实训案例进行分析型学习。

◆ 实训准备

组建3-5人规模的项目团队，建议团队中应包含男性和女性，名额以单数为好，以便处理意见分歧。

确定人工值机的训练任务。

编制值机工作主要流程。

准备签字笔、记录本，有条件的话，准备相机和录音笔。

◆ 实训过程

进行调研。

团队合作处理各项资料（详见操作步骤）。

小组讨论得出结论。

◆ 实训结束

实训总结分工。

制作汇报PPT。

演讲汇报。

修改思路，完成《机场人工值机实训报告》。

教师和企业专家共同评分。

> **操作步骤**

◆ 第一步：组员共同确定国内航班值机工作流程

综合比较学习各家航空公司的值机流程。

制定本次航班值机服务流程。

◆ 第二步：模拟本次航班值机工作流程

团队成员2分钟谈论。

完成值机工作。

◆ 第三步：小组互评

小组进行互评。

投票选出最佳值机服务团队。

> **课后练习**

1. 办理值机手续的流程是什么？
2. 办理值机手续的一般时限是什么？
3. 如何查验旅客证件？

学习资源

◆ 文献类

[1] 房雨. 机场值机流程评价体系管理研究[J]. 中国民用航空, 2013, (11)

[2] 倪海云. 印度值机流程. [J]. 空运商务, 2012, (4)

[3] 吴宁宁. 承前启后 蓄力待发——前进中的东航西北地面部国内值机处[J]. 现空运商务, 2012, (4)

◆ 视频类

拉萨机场值机室阳光班组, http://v.youku.com/v_show/id_XODE0OTk0MTk2.html

深圳机场值机微电影, http://v.youku.com/v_show/id_XODUzOTc0OTY4.html

深圳机场新航站楼值机攻略, http://v.youku.com/v_show/id_XNjQwNTk0MzA0.html

SWISS check in, http://v.youku.com/v_show/id_XNDQ0OTQyODk2.html

项目六 旅客联检与安检服务

> **学习目的**

1. 了解民用机场的发展
2. 熟悉机场的布局与功能

> **案例引入**

"9·11"事件曾震惊了整个世界,恐怖分子正是钻了安检的空子,给世界和平的天空带来一丝恐怖的阴影,也给民航界工作人员和旅客们敲响了警钟。他们最为经常采取的恐怖活动就是引爆飞机或劫持飞机,为了达到犯罪目的他们经常采用以下手段:(1)将炸弹放在一个不引人注意的普通旅行包中;(2)将炸弹藏在某位普通乘客的行李箱中;(3)将炸弹或枪支绑在自己的腰间;(4)身带炸药跨过停机坪上的栏杆直接从地面去接触飞机。

注:本案例的素材取自《警察技术》2013年01月,编者整理得出。

案例启示:

安检是绝对必要的,它的根本目的就是:(1)防止机场和飞机遭到袭击;(2)防止运输危险品引起的事故;(3)确保乘客的人身安全和财产安全。为此每个机场都配有一套严格的安检措施,要求每位登机乘客和他/她的全部行李接受检查,最大限度地防止无心乘客将某些危险品带上飞机造成意外灾难,更重要的是将那些居心叵测者的阴谋提前粉碎。为了我们的安全之旅,大家都应积极配合安检人员的工作,真正认识安检工作的重要性和必要性,并了解一些基本的安检程序。

知识准备

一、旅客联检基础知识

联检是指由口岸相关机构,包括海关、边防、检验检疫部门对出入境行为实施的联合检查。检查对象包括出入境人员、运输工具、货物和物品以及动植物等。

海关是根据国家法律对进出关、境的运输工具、货物和物品进行监督管理和征收关税的国家行政机关。

图6-1 机场海关

图片来源:中国海关总署

旅客通关时应选择正确通道,在海关监管场所,海关设置"申报通道"和"无申报通道"。进出境旅客没有携带应向海关申报物品的,无需填写《中华人民共和国海关进出境旅客行李物品申报单》,可选择"无申报通道"(又称"绿色通道")通关。除海关免于监管的人员以及随同成人旅行的16周岁以下旅客以外,进出境旅客携带有应向海关申报物品的,须填写《申报单》,向海关书面申报,并选择"申报通道"(又称"红色通道")通关。有不明规定的旅客应主动选择"申报通道"通关并到海关申报柜台进行书面申报,其他任何形式或在其他任何时间、地点所做出的申报形式海关均不视为有效申报。持有中华人民共和国政府主管部门给予外交、礼遇签证的进出境旅客,通关时应主动向海关出示本人有效证件,海关予以免检礼遇。

1. 携带限量物品和货币进出境应办理的海关手续

(1)携带需经海关征税或限量免税的《旅客进出境行李物品分类表》第二、三类物品(不含免税限量内的烟酒)者;

(2)非居民旅客及持有前往国家(地区)再入境签证的居民旅客,携带途中必需的旅行自用物品超出照相机、便携式收录音机、小型摄影机、手提式摄录机、手提式文字处理机每种一件范围者;

(3)携带人民币现钞6000元以上,或金银及其制品50克以上者;

(4)非居民旅客携带外币现钞折合5000美元以上者;
(5)居民旅客携带外币现钞折合2000美元以上者;
(6)携带货物、货样以及携带物品超出旅客个人自用行李物品范围者;
(7)携带中国检疫法规规定管制的动、植物及其产品以及其他须办理验放手续的物品者。

2. 禁止出入境物品

(1)各种武器、仿真武器、弹药及爆炸物品;
(2)伪造货币及伪造的有价证券;
(3)对中国政治、经济、文化、道德有害或内容涉及国家秘密的手稿、印刷品、胶卷、照片、唱片、录音带、激光视盘、计算机存储介质及其他物品。
(4)各种烈性炸药。
(5)鸦片、吗啡、海洛因、大麻以及其他能使人致病的麻醉品、精神药物;
(6)带有危险性病菌、害虫及其他有害生物的动物、植物及其产品;
(7)有碍人畜健康的,来自疫区的以及其他能传播疾病的食品、药品或其他物品;
(8)珍贵文物及其他禁止出境的文物;
(9)濒危的和珍贵的动物、植物及其种子和繁殖材料。

边防检查站是国家设在口岸以及特许的进出境口岸的出入境检查管理机关,是代表国家行使出入境管理职权的职能部门,是国家的门户。边防检查站的根本任务是维护国家主权、安全和维护口岸出入境秩序,保障出入境人员、交通运输工具的合法权益。驻机场边检任务主要体现在"人员的检查和管理"、"交通运输工具的检查和监护"和行李物品、货物的检查中。

边检条例赋予边防检查站的职权有十一项:

(1)对出境入境人员及其证件、行李物品、出境入境交通运输工具及其载运的货物进行检查;
(2)对出境入境交通运输工具实施监护和管理;
(3)对口岸限定区域进行警戒,维护出入境秩序;
(4)办理船员登陆、住宿、上下外轮和搭靠外轮手续;
(5)扣留、收缴护照、证件;
(6)扣留、收缴危害国家安全和社会秩序的物品;
(7)不准一些特定情形的人员入境、出境或登陆;
(8)限制一些特定的人员活动范围并对其进行调查或移交有关机关处理;
(9)必要时可以对一些特定人员进行人身检查;
(10)推迟或阻止一些特定的交通运输工具出境或者入境;
(11)对违反条例的人员、交通运输工具负责人进行处罚。

边防检查的主要证件有:

a. 护照

护照是指一个主权国家的主管机关发给本国公民出入本国国境和在国外旅行居留的合法身份证件与国籍证明。世界各国颁发的护照种类繁多,但一般可分为三种:外交护照、公务护照和普通护照。普通护照又分因公普通护照和因私普通护照两种。

外交护照是一国政府发给驻外国的外交代表、领事官员和出国进行国事活动的国家元首、政府首脑、国有议员、政府代表团成员等使用的护照,也适用于上述人员的配偶和未成年子女;持有外交护照的人,在国外受到尊重和礼遇,有的享有外交特权与豁免。护照是标有"外交"DIPLOMATIC 字样。

公务护照也称官员护照,是发给出国从事各种公务活动的人员,如政府一般官员,驻外使、领馆工作人员以及派往国外执行文化、经济等任务的人员等。护照上标有"公务"SERVICE、或"官员"OFFICAL 字样。

普通护照是发给因私事前往外国或旅居外国的本国公民使用的护照。普通护照是目前世界上分发数量最多、使用最广泛的一种护照。有效期为 10 年。

图 6-2

护照的内容主要包括:

姓名、曾用名的加注、出生地、出生日期、性别、身份、婚姻状况、发照日期、护照号码、条形码、有效期、签发机关、签发地点等,护照均应贴有持照人的照片。

b. 签证

签证是一个国家的主权机关在本国或外国公民所持的护照或其他旅行证件上的签注、盖印,以表示允许其出入本国国境或者经过国境的手续,也可以说是颁发给他们的一项签注式的证明。概括地说,签证是一个国家的出入境管理机构(例如移民局或其驻外使领馆),对外国公民表示批准入境所签发的一种文件。

根据出入境情况可分为:出境签证,入境签证,出入境签证,入出境签证,再入境签证和过境签证等六种类别。出境签证只许持证人出境,如需入境,须再办入境签证。入境签证即只准许持证人入境,如需出境,须再申办出境签证。出入境签证的持证人可以出境,也可以再入境。多次入出境签证的持证人在签证有效期内可允许入出境。

根据出入境事由常规可分为：外交签证、公务签证、移民签证、非移民签证、礼遇签证、旅游观光签证、工作签证、留学签证、商务签证以及家属签证等。每个国家情况不一样。

根据时间长短分为：长期签证和短期签证。长期签证的概念是，在前往国停留3个月以上。申请长期签证不论其访问目的如何，一般都需要较长的申请时间。在前往国停留3个月以内的签证称为短期签证，申请短期签证所需时间相对较短。

依据入境次数可分为：一次入境和多次入境签证。

依据使用人数可分为：个人签证和团体签证。

依据为持有人提供的方便：可分为另纸签证、落地签证等。

世界上大多数国家的签证分为：外交签证、公务（官员）签证和普通签证。

c. 往来港澳通行证

港、澳特别行政区通行证是中国国务院港澳事务办公室或各主要省市外事办公室签给内地因公、因私人员来香港或澳门工作或旅游之用的证件。该证是蓝色封面，分2年1次有效和5年多次有效两种。

d. 卡式港澳同胞来往内地通行证

卡式上有持卡人资料，卡上资料可由机读机读取，证件号为11位。香港特别行政区居民卡号码首位以英文字母"H"开头，澳门居民以英文字母"M"开头；第2位至第9位数字是港澳居民的终身号，第10位至11位为换证次数，首次发证为00，以后依次递增。证件号码颜色分红色、黑色两种，红色表示有效期3年，黑色表示有效期10年。

e. 台湾居民来往大陆通行证

台湾居民来往大陆通行证简称"台胞证"，是中华人民共和国政府发给台湾人民来往大陆地区观光、商务、探视的身份证明书，该证是草绿色封面，32页，有效期5年，使用时实行逐次签注。分一次往返有效和多次往返有效两种。

f. 中华人民共和国旅行证

《中华人民共和国旅行证》是代替护照使用的旅行证件，不能延长有效期，也不能加页。分为一年一次入出境有效、两年多次入出境有效两种。

申请对象：

（1）持有外国护照但未加入该国国籍并能出具澳门身份证或外国居住许可证明的中国公民；

（2）持有台湾海外"护照"，有居住国的居住许可证明的；

（3）旅行证遗失，经查明确系在我处申办，能提供报失单和遗失声明的；

（4）中国公民子女在澳门出生但无法取得澳门居留者。

g. 出境、入境登记卡

出境、入境登记卡是出入境旅客留存在边防检查站的一种出入境记录，也是边防检查站对旅客进行分类统计的依据。出境、入境登记卡由公安部边防局统一制定。

出境、入境人员必须按照规定填写出境、入境登记卡，向边防检查人员交验本人有效护照或者其他出境、入境证件。这是国家法律、法规对出入境人员的基本要求，也是出境、入境人员的义务。根据目前的规定，一部分出入境人员可以免填出境、入境登记卡，其范围主要是：

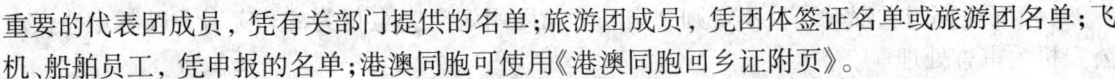

重要的代表团成员,凭有关部门提供的名单;旅游团成员,凭团体签证名单或旅游团名单;飞机、船舶员工,凭申报的名单;港澳同胞可使用《港澳同胞回乡证附页》。

3. 检验检疫

检验检疫一般是指卫生检疫、动植物检疫、商品检验的总称。在我国专门设置了出入境检验检疫机构,对出入境的货物、人员、交通工具、集装箱、行李邮包携带物等进行检验检疫,以保障人员、动植物安全卫生和商品的质量。机场相关工作人员需要熟知旅客卫生检验检疫的相关规定:

4. 禁止携带入境的物品:

人血及其制品;水果、辣椒、茄子、西红柿;动物尸体以及标本;土壤;动植物病原体、害虫以及其他有害生物;活动物(伴侣犬、猫除外)以及动物精液、受精卵、胚胎等遗传物质;蛋、皮张、鬃毛类、蹄骨角类、油脂类、动物肉类(含脏器类)及其制品,鲜奶、奶酪、黄油、奶油、乳清粉、蚕蛹、蚕卵、动物血液及其制品,水生动物产品;转基因生物材料;废旧服装。如携带上述物品,应主动交由检验检疫官员处理或投放到检验检疫处理箱内。

5. 允许带入但需申报检验的物品:

种子、苗木及其他繁殖材料、烟叶、粮谷、豆类(入境前需事先办理检验审批手续);鲜花、切花、干花、植物性样品、展品、标本;干果、干菜、腌制蔬菜、冷冻蔬菜;竹、藤、柳、草、木制品;犬、猫(伴侣动物,每人限带一只,需持有狂犬病免疫证明以及出发地所在国官方检疫机构出境的检疫证书,入境后需在检验检疫机构指定的地点隔离检疫30天);特许进口的人类血液及制品、微生物、人体组织以及生物制品。如携带上述物品,应主动向检验检疫机关申报并接受检疫。

二、安检

(一)机场安检的一般规定

安检是安全技术检查的简称,它是指在民航机场实施的为防止劫(炸)机和其他危害航空安全事件的发生,保障旅客、机组人员和飞行安全而采取的一种强制性的技术检查。

机场安检是指乘坐民航飞机的旅客在登机前必须接受的一项人身和行李检查项目,这也是为了保证旅客自身安全和民用航空器在空中飞行安全所采取的一项必要措施。

民航安检的相关制度是一系列相关法律法规的总称,它主要包括:航空安全保卫的国际公约;中华人民共和国民用航空法;中华人民共和国民用航空安全保卫条例;中国民用航空安全检查规则;中国民用航空危险品运输管理条例。

1. 安检工作的主要内容:

(1)民用航空安全检查部门,依照有关法律、法规,通过实施安全检查工作,防止危及航空安全的危险品、违禁品进入民用航空器,保障民用航空器及其所载人员、财产的安全。

(2)对乘坐民用航空器的旅客及其行李,进入候机隔离区的其他人员及其物品,以及空运货物、邮件的安全检查;对候机隔离区内的人员、物品进行安全监控;对执行飞行任务的民用航空器实施监护。

(3)民航公安机关对安检部门的业务工作进行统一管理和检查、监督,从事民用航空活动的单位和人员应当配合安检部门开展工作,共同维护民用航空安全。

(4)安检部门发现有违反本规则规定和危及民用航空安全行为的,应当予以制止并交由公安机关审查处理。

(5)乘坐民用航空器的旅客及其行李,以及进入候机隔离区或民用航空器的其他人员和物品,必须接受安全检查;但是,国务院规定免检的除外。

2.安检部门及其人员要求

(1)设立安检部门应当经中国民用航空总局(以下简称民航总局)审核同意并颁发《民用航空安全检查许可证》;民航地区管理局在民航总局授权范围内行使审核权未取得《民用航空安全检查许可证》,任何部门或者个人不得从事安检工作。《民用航空安全检查许可证》有效期为五年,到期由颁证机关重新审核换发。

(2)申请设立安检部门的单位应当向民航总局提出书面申请,并附书面材料证明具有下列条件:有经过培训并持有《安检人员岗位证书》的人员,且其配备数量符合《民用航空安检人员定员定额标准》;有从事安检工作所必需的经民航总局认可的仪器、设备;有符合《民用航空运输机场安全保卫设施建设标准》的工作场地;有根据本规则和《民用航空安全检查工作手册》制定的安检工作制度.民航总局要求的其他条件。

(3)安检人员要求:遵纪守法,作风正派,品质良好;未受过少年管教、劳动教养或刑事处分;具有大专以上文化程度,志愿从事安检工作;招收的人员年龄不得超过二十五周岁;身体健康,五官端正,男性身高1.65米以上,女性身高在1.60米以上;无残疾,无重听,无口吃,无色盲、色弱,校正视力在1.0以上。安检人员实行岗位证书制度,没有取得岗位证书的,不可单独作为安检人员上岗执勤。对不适合继续从事安检工作的人员,应当及时调离或辞退;安检人员执勤时应当着制式服装,佩戴专门标志,服装样式和标志由民航总局统一规定。安检人员执勤时应当遵守安检职业道德规范的各项工作制度,不得从事与安检工作无关的活动。

(二)安检的工作流程

1.对旅客身份证件、客票和登机牌的安全检查

(1)旅客身份检查流程

①人、证对照。

②核对"三证":证件和订座姓名或机票是否一致;订座记录或机票和证件是否有效;登机牌的航班是否与订座记录或机票上的航班一致。("一看",注意识别证件的真伪;"二对",核对持证人是否和证件上的人相吻合;"三问",针对疑点提问,进一步核实真实性。)

③盖章放行——检验无误后,在登机牌上加盖验讫章放行。

(2)乘机身份证件的种类

按照公安部、民航总局的有关规定,乘机有效证件可归纳为四大类:居民身份证、军人类证件、护照类证件和其他类证件。

①居民身份证

身份证,一般是指证明公民身份的凭证、证件。居住在我国境内的年满十六周岁的中国公民,应当依照法律的规定申请领取居民身份证;居民身份证登记的项目包括:姓名、性别、民族、出生日期、常住户口所在地住址、公民身份号码、本人相片、证件的有效期和签发机关。

第二代身份证的识别

看颜色

真"二代证"具有定向光变色膜等技术,因此在相同视角的不同方向观察反面性别位置的"长城烽火台"图案时,颜色可呈橘红色、绿色和紫色;同时,其下方的"中国CHINA"图案具有"亮字暗底"和"暗字亮底"的正负镶嵌效果。上述两个图案在同一观察角度所呈现的颜色是不同的。

真"二代证"正、反两面的花纹清晰,表面有摩擦力;而假证花纹模糊,表面光滑。

看分配顺序码

18位编码看倒数2、3、4位数,男士为奇数,女士为偶数。

看尺寸

真"二代证"的尺寸为85.6mm×54.0mm×1.0mm,虽由9层构成,但层次不清晰,且四边光滑。

仪器识别

真证里面有芯片,储存本人的信息资料。

临时身份证使用与本人身份证相同的编号;常住户口特定人员的临时身份证编号也按居民身份证编号原则和方法编18位码。

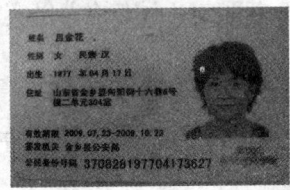 

图 6-3

②军人类证件

军官证、武警警官证、士兵证、军队学员证、军队文职干部证、军队离退休干部证和军队职工证。

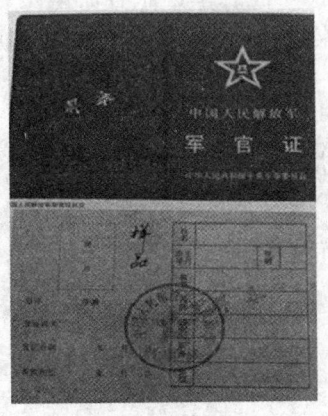 

图 6-4

③护照类证件

护照、港澳、台湾同胞回乡证,港澳、台湾同胞往来大陆通行证,大陆居民往来台湾通行证,外国人出入境证,外交官证、领事官证等。

④其他证件

人大代表证,政协证等临时身份证件。

⑤机场工作人员证件的识别

全国各机场使用的控制区证件代码有所不同:

a. 用英文字母(A、B、C、D……)表示允许持证人通过(到达)的区域;

b. 用阿拉伯数字(1、2、3、4……)表示允许持证人通过(到达)的区域;

c. 用中文直接描述允许持证人通过(到达)的区域。

2. 对旅客实施安全检查

手工人身检查一般应由同性别安检人员实施;对女旅客实施检查时,必须由女安检人员进行。检查人员面对旅客,先从旅客的前衣领开始,至双肩、前腰、腰部止;再请旅客转身,从后衣领起,至双臂外侧、内侧、腋下、背部、后腰部、裆部、双腿内侧、外侧和脚部止。检查时,检查员双手掌心要切实接触旅客身体和衣服,因为掌心面积大且触觉较敏锐,这样能及时发现藏匿的物品。旅客从身上掏出的物品,应仔细检查,防止夹带危险物品。检查过程中要不间断地观察旅客表情,防止发生意外。对经过手工人身检查仍有疑点的旅客,经安检部门值班领导批准后,可以将其带到安检室从严检查,检查应当由同性别的两名以上安检人员实施。

手持金属探测仪检测方法:

从前衣领—右肩—右大臂外侧—右手—右大臂内侧—腋下—右上身外侧—右前胸—腰、腹部—左肩—左大臂外侧—左手—左大臂内侧—腋下—左上身外侧—左前胸—腰、腹部从右膝部内侧—裆部—左膝部内侧。

从头部—后衣领—背部—后腰部—臀部—左大腿外侧—左小腿外侧—左腿左小腿内侧—右小腿内侧—右脚—右小腿外侧—右大腿外侧。

安全检查人员应当引导旅客逐个通过安全门,所有乘机旅客都必须通过安全门检查(政府规定的免检者除外)。旅客通过安全门之前,安全门前的引导员应首先让其取出身上的金属物品,然后引导旅客按次序逐个通过安全门(要注意掌握旅客流量)。对通过时安全门报警的旅客,应当重复过门检查或使用金属探测器或手工人身检查的方法进行复查,排除疑点后方可放行。

3. 对行李实施安全检查

旅客的托运行李和非托运行李都必须经过安全检查仪器检查,发现可疑物品时应当开箱(包)检查,必要时也可以随时抽查。

开箱(包)检查时,可疑物品的托运人或者携带者应当在场。

(1)开箱包检查的程序

①观察外层

②检查内层和夹层

③检查包内物品

④善后处理

（2）开箱包检查的方法

主要有以下几种常用方法：看、听、摸、拆、掂、嗅、探、摇、烧、敲、开等。

（3）开箱包检查操作

①开箱包检查员应站立在X射线机行李传送带出口处疏导箱包，避免受检箱包被挤、压、摔倒。

②当有箱包需要开检时，开机员给开包员语言提示，待物主到达前，开包员控制需开箱的箱包，物主到达后，开包员请物主自主打开箱包，对箱包实施检查。

③开包检查时，开启的箱包应侧对物主，使其能通视箱内物品。

④针对开机员的提示对箱包进行有针对性的检查，已查和未查的物品要分开，摆放要整齐有序。

⑤检查过程中，开包员应根据物品的种类采取相应的方法（看、听、摸、拆、掂、嗅、探、摇、烧、敲、开 等）检查。

⑥开包员将检查出的物品请开机员复核。

（4）开箱包检查的要求及注意事项

①开箱包检查时，物主必须在场，并请物主将箱包打开。

②检查时要认真细心，特别要注意重点部位如箱包的底部、角部、外侧小兜并注意有无夹层。

③没有进行托运行李改造的要加强监控措施，防止已查验的行李箱包与未经安全检查的行李箱包相调换或夹塞违禁物品。

④旅客的物品应轻拿轻放，如有损坏应照价赔偿。检查完毕后，应尽量按原样放好。

⑤开箱包检查发现危害大的违禁物品时，应采取措施控制住携带者，防止其逃离现场，并将该箱包重新进行X射线机检查，以查清是否藏有其他危险物品，必要时，将其带入检查室彻底检查。

⑥若旅客申明携带物品不宜接受公开检查时，安检部门可根据实际情况，避免在公开场合检查。

⑦对开箱包检查的行李必须再次进行X射线机检查。

有下列威胁航空安全行为之一的，交由民航公安机关查处：a.携带枪支、弹药、管制工具及其仿制品进入安检现场的；b.强行进入候机隔离区不听劝阻的；c.伪造、冒用、涂改身份证件乘机的；d.隐匿携带危险品、违禁品企图通过安全检查的；e.在托运货物时伪报品名、弄虚作假或夹带危险物品的；f.其他威胁航空安全的行为。

对违反《中华人民共和国民用航空安全保卫条例》第三十二条规定，携带《禁止旅客随身携带或者托运的物品》（见附件一）所列物品的，安检部门应当及时交由民航公安机关处理。

1. 对违反《中华人民共和国民用航空安全保卫条例》第三十三条规定，携带《禁止旅客随身或者托运的物品》（见附件二）所列物品的，应当告诉旅客可作为行李托运或交给送行人员；如来不及办理托运，安检部门按规定办理手续后移交机组带到目的地后交还。不能按上述办法办理的，由安检部门代为保管。安检部门应当登记造册，妥善保管；对超过三十天无人领取的，及时交由民航公安机关处理。

2. 对含有易燃物质的生活用品实行限量携带（见附件三）。对超量部分可退还给旅客自行处理或暂存于安检部门。安检部门对旅客暂存的物品，应当为物主开具收据，并进行登记。

旅客凭收据在三十天内领回;逾期未领的,视为无人认领物品并交由民航公安机关处理。

实训任务

请与你的团队成员紧密合作,在老师的指导下,应用所学到的知识,利用网络调研、资料收集或者实地访谈等形式,对机场旅客安检工作进行实训。

实训准备

组建3-5人规模的安检团队,建议团队中应包含男性和女性,名额以单数为好,以便处理意见分歧。

确定安检流程与各流程注意事项。

启动与试运行安检设备。

其他小组人员扮演乘客,设计安检情景。

实训步骤

证件检查。

人身检查。

行李检查。

教师和企业专家共同评分。

机场旅客安全检查技能训练及考核要求

班级:　　　　姓名:　　　　总时间:　　　　总分:　　　　考评员:

考核项目	操作要求		满分	得分
仪容仪表	头发		2	
	面部妆容		5	
	服装		5	
	指甲		2	
	饰物		2	
	鞋		2	
证件检查	安检人员要求旅客按照秩序排好队,准备好证件		2	
	人、证对照		5	
	核对"三证"		10	
	查验无误后,按规定在登机牌上加盖验讫章放行		5	
乘客检查	安检人员请旅客通过安全门		5	
	若旅客通过安全门时有报警现象发生,则利用相同机理的手持式金属探测器进行检查		10	
	对有疑点者则要进行手工检查		20	
行李检查	手提行李物品、托运行李和货物快件、邮件应通过X射线机进行检查		5	
	发现可疑物品要开箱(包)检查,必要时可随时抽查	观察外层	5	
		检查内层和夹层	5	
		检查包内物品	5	
		善后处理	5	
总分			100	

自我评估

1. 机场安检服务的基本流程是怎样的?
2. 旅客证件检查的基本方法有哪些?
3. 禁止旅客随身携带或托运的物品包括哪些?

学习资源

◆ 文献类

[1] 李忠东. 安检最严格的机场[J]. 检察风云,2014,(6)。
[2] 刘辰. 欧美机场安全防线与安检技术的发展[J]. 中国安防,2014,(04)。
[3] 韩军. 应对危机:美国机场安检的新变化[J]. 空运商务,2010,(07)。

◆ 视频类

新郑国际机场旅客安检演示
http://v.youku.com/v_show/id_XMzM2NjIzMjU2.html

案例类

对抗安检花样多 三亚机场妙解各类"玄机"。http://news.carnoc.com/list/311/311589.html

乘客冒用他人身份证乘民航班机:终难逃法网,http://news.carnoc.com/list/309/309060.html

项目七　特殊旅客服务

学习目的

1. 掌握特殊旅客的定义、分类；
2. 掌握重要旅客、病残旅客、盲人旅客、孕妇和无成人陪伴儿童的运输条件。

资料导读

2011年9月1日，首都机场身着红色马甲的服务人员吸引了旅客们的目光。马甲上绣有"我帮您"和"help you"（我帮您）字样，醒目的颜色和简洁的标志非常便于旅客辨识。这就是首都机场新推出的"红马甲金牌服务"项目。

2011年第二季度，首都机场旅客满意度得到4.81分，在世界上排名第四。为了持续提升首都机场的服务品质，有效整合机场服务资源，首都机场于9月1日起正式推出"红马甲金牌服务"。该服务旨在以统一醒目的服务形象、贴心主动的服务理念和高效联动的服务效率，全方位为旅客提供问讯和帮扶服务。

在日常工作中，由首都机场服务大使（流动岗）、志愿者身着红马甲，为旅客提供多语言问讯和指引服务，为65岁以上的老人、残疾人、孕妇等特殊旅客提供温馨服务，包括免费轮椅、免费婴儿手推车、行李搬运、电瓶车、航站楼间接送等，还为65岁以上独自出行的老人提供爱心陪伴服务。在出现大面积航班延误时，由首都机场服务大使、志愿者及航站楼管理部门工作人员共同组成红马甲服务团队，为旅客提供问讯、指引以及其他保障服务。

记者了解到，首都机场已经制定了"红马甲金牌服务"的服务标准，并定期在服务人员中开展对于服务标准应用、服务意识和技巧的培训。为了在具体服务中展现良好的形象，在旅客中形成较强的认知度，首都机场对"红马甲金牌服务"进行了系统的形象设计，明确了清晰简洁的标志和口号，接下来还将对3号航站楼四层中央问讯柜台进行改造，向旅客公示服务项目。

首都机场有关人士表示,"红马甲金牌服务"是机场重点打造的全新服务品牌,未来将会持续补充红马甲服务人员,并将根据红马甲服务的开展情况,与机场各保障单位一起,逐步建立起快速响应的服务联动机制,不断丰富服务项目,力求以"一站式"的主动服务充分满足旅客需求,为旅客排忧解难,让旅客的旅途更便捷、更舒适、更愉悦,真正成为旅客心目中的"金牌服务"。

注:本案例素材取自《进一步提升服务品质 首都机场推红马甲金牌服务》中国新闻网 2011.09.05

案例启示:

随着民航业的不断发展,旅客的服务水平也在不断提高,作为一些特殊旅客在接受航空运输的过程中,机场或航空公司也会给予特别礼遇,或给予特殊照顾。民航旅客服务事关整个社会对航空事业的认可度,搞好旅客服务水平,尤其是特殊旅客服务,能够给消费者带来的更大方便。所以,特殊旅客服务对航空事业的发展意义重大。

一、特殊旅客服务概述

(一)特殊旅客的概念

特殊旅客又称特殊服务旅客或特服旅客,是指在接受旅客运输和旅客运输过程中,需给予特别礼遇或特别照顾,以及需要符合规定的运输条件方可承运的旅客。

特殊旅客包括重要旅客、患病旅客、残障旅客、无成人陪伴儿童旅客、老年旅客、孕妇旅客、婴儿旅客、犯罪嫌疑人及其押解人、特殊餐饮旅客、酒醉旅客、额外占座旅客、机要交通员/外交信使和保密旅客。

(二)特殊旅客服务项目

特殊旅客之所以称之为特殊旅客,是因为他们有与常人不一样的地方,在某些方面需要给予特殊的照顾。为方便特殊旅客的出行,解决特殊旅客的困难,就需要提供特殊旅客服务。

针对特殊旅客提供的服务项目,主要经由各机场航站楼的顾客服务中心来设立。目前,常见的特殊服务项目包括:

(1)提供轮椅使用服务

为行动不便且未申请航空公司特服的旅客提供免费的轮椅使用。

(2)提供免费手推车行李服务

为特殊群体旅客提供航站楼内免费搬运、运送行李服务。

(3)团队残障旅客的团队保障服务

为团队残障旅客提供从登机口到车道边的全程服务。

(4)陪伴服务

(5)免费寄存服务

(6)广播寻人服务

为有特别需要的特殊群体旅客开展广播寻人服务。

（7）免费旅客电瓶车服务

为有特别需要的特殊旅客提供免费电瓶车服务。

（三）特殊服务信息的传递

特殊旅客服务的信息可以由地面服务部门在订座系统中直接提取，也可以由承运人或承运人授权的售票处按照规定的时限和方式向地面服务部门传递。

（1）旅客提出服务要求

特殊旅客在购票的过程中，即可向航空公司直属售票处和代理售票点提出购票申请和特殊服务的要求。由售票处在规定的权限内予以受理。受理权限分为直接出票和申请后出票两类。

第一类为售票处审核后可直接出票的特殊旅客。如重要旅客、不需要机上氧气瓶的病患旅客、无成人陪伴儿童、老年旅客、孕妇旅客、婴儿旅客、特殊餐饮旅客、酒醉旅客、额外占座旅客、机要交通员、外交信使、保密旅客。

第二类为需要向调度部门请示，根据调度部门的答复，决定是否出票的特殊旅客。如需要机上氧气瓶病患旅客、担架旅客、无自理能力/无人陪伴半自理能力轮椅旅客、携带电池驱动轮椅旅客、携带导盲犬/助听犬的盲人/聋哑人旅客、残疾旅客团队超过（含）10人以上、押解犯罪嫌疑人运输。

（2）地面部门信息通报

售票处在接受特殊旅客定座、购票时，必须按照规定的时限、方式和途径将信息通报给始发站、经停站和目的站的地面服务保障部门。地面服务部门接到售票部门传递或由航空调度发布的特殊旅客服务信息后，及时反馈并通报当地机场相关保障部门做好保障准备工作。

二、重要旅客服务

重要旅客是指旅客的身份、职务重要或知名度高，乘坐班机时需给予特别礼遇和照顾的旅客。这些旅客的满意度对航空公司的社会声誉非常重要，也会产生相当大的社会效应。因此，机场服务部门需要为重要旅客提供高质量高标准的专门服务。

（一）重要旅客的范围

重要旅客根据其职务情况和社会地位，一般可分为非常重要旅客（VVIP：very very important person）、一般重要旅客（VIP：very important person）和工商企业界重要旅客（CIP：commercially important person）。其中：

第一类 VVIP 通常为国家级最重要客人，具体包括：

1. 中共中央总书记、中央政治局常委、委员、候补委员；国家主席；国家副主席；全国人大委员长、副委员长；国务院总理、副总理、国务委员；全国政协主席、副主席；中央军委主席、副主席；最高人民检察院检察长；最高人民法院院长。

2. 外国国家元首、政府首脑、议会议长及副议长、联合国秘书长、国家指定保密要客。

第二类 VIP 为国家级一般重要客人，含一类 VVIP 外的其他重要旅客。具体包括：

1. 省部级（含副职）党政负责人、在职军级少将（含）以上军队领导；国家武警、公安、消防部队主要领导;港、澳特别行政区政府首席执行领导。

2. 外国政府部长(含副职)、国际组织(包括联合国、国际民航组织)的领导、外国大使和公使级外交使节。

3. 由省部级(含)以上单位或我国驻外使领馆提出要求按VIP接待的客人。

4. 全国人大常委,全国政协常委。

5. 各省市自治区领导出面迎送的特殊要客。

6. 著名科学家、中国科学院院士、社会活动家、社会上具有重要影响人士。

第三类CIP为公司级重要客人,具体包括:

1. VVIP的亲属。

2. 中国十大功勋企业家、国内知名企业和省内大型企业的主要领导;工商界、经济界具有重要影响的人士。

3. 国家级各证券、金融机构的省级分支机构、直属分支机构的主要领导;金融界具有重要影响的人士。

4. 各省市自治区副厅级、厅级的地方领导干部、师级以上军队领导干部;省武警、公安、消防部队主要领导。

5. 全国人民代表大会代表、全国人民政协委员。

(三)重要旅客的服务原则及基本要求

重要旅客是民航运输保证的重点,民航运输部门的重要任务之一就是认真做好重要旅客的运输服务工作。

1. 国务委员、副总理以及当地副省级以上的重要旅客,驻场领导要亲临现场组织实施并接送。

2. 重要旅客的定座、售票、信息传递和服务工作都应有专门的要客服务人员负责。航空公司、航站要设立要客服务部门,并将该部门的职责、电话号码等通知当地党、政、军等有关部门。

3. 在进行要客服务时,地面服务相关工作环节要做好工作交接。始发站服务部门应在运送重要旅客的航班离站后(飞机起飞5分钟后)及时通知各有关中途站和到达站的要客服务部门,要客服务部门再通知驻机场各有关单位领导和有关业务部门。信息内容包括:航班、日期、飞机号码、要客姓名、职务、人数、行李件数和舱位等内容。

4. 对重要旅客乘坐班机,除需提供良好服务外,还应注意做好保密工作。

(四)重要旅客的服务程序

相关部门应优先为重要旅客办理订票、乘机、行李交运、联运等手续。

1. 购票服务

重要旅客定座、购票,应予优先保证。凡有重要旅客定座、购票的航班,不应随意取消或变更。如有变更,应尽早通知重要旅客的购票单位,并做出妥善安排。

接受重要旅客定座时,应请经办人详细填写《旅客定座单》,了解清楚要客的职务、级别和需要提供的特殊服务,并在OSI(旅客订座记录PNR中的旅客其他服务信息)项中注明VIP字样、职务(级别)和特殊服务的要求。

持普通舱客票的 VIP、CIP 旅客,在航班有公务舱剩余座位的情况下,可提供免费升舱服务。

2. 候机服务

在安排贵宾休息室时,可根据当时的 VIP 情况按照级别安排,如贵宾室座位有限或不便多批贵宾集中安排的情况下,可安排到头等舱休息室候机但应按贵宾等级提供服务。服务人员应注意掌握航班动态,将有关乘机信息及时通知要客。

3. 登机服务

要客可待其他旅客登机完毕后,再登机。登机时,应派专人将要客引导至机舱内,并与当班乘务交接。如飞机停靠在远机位,应派专人专车将 VIP 送至飞机下并引导至机舱内,与当班乘务长交接。

4. 过站服务

服务人员应在飞机落地前 5 分钟到达停机位迎候要客到贵宾室休息。并应注意掌握航班过站动态,将有关信息及时通知要客。

5. 到达服务

服务部门应注意掌握要客航班的到达信息动态。在接到要客航班到达信息后,应通知接待单位。航班到达后,应派专人引导要客。

贵宾接待室人员应按规定程序提前到达停机位。如飞机停靠廊桥,服务人员需提前 15 分钟到达指定停机位;如飞机停靠远机位,服务人员需提前 20 分钟到达指定停机位。在接机过程中,无论飞机停靠在廊桥或远机位,都需准备贵宾摆渡车。

6. 行李运输服务

重要旅客的行李要贴挂"重要旅客(VIP)"标志牌。装卸时,要逐件核对,防止错运、丢失或损坏。始发站和经停站在装卸行李、货物时,要将贴挂"重要旅客(VIP)"标志牌的行李放置在靠近舱门口的位置,以便到达站优先卸机和交付。

7. 航班不正常时的服务标准

航班不正常时,服务工作人员须以高度的责任心,主动、热情、耐心、周到、及时地为旅客提供服务。如发生航班延误时,服务人员应尽早通知并优先进行食宿安排。在航班不正常过程中,应每半小时一次向贵宾休息室通报航班动态。如要客离开候机厅,服务人员应互留联系电话,以便随时向贵宾通报航班动态。

三、病残旅客服务

病残旅客是指具有永久性或暂时性的身体或精神上的损伤,造成日常活动部分或者大部分受到实质性限制,在上下飞机、飞行途中(包括紧急疏散)及在机场地面服务过程中,需要他人予以单独照料或者帮助的旅客。

(一)病残旅客的范围

病残旅客包括病患旅客和残疾旅客。

病患旅客,是指患有突发性疾病和/或患有常见性疾病(如传染性疾病、心脏病、冠心病、高血压、糖尿病、哮喘等病症)的旅客,以及丧失生活自理能力的病患旅客和/或患重病的旅客(病患轮椅旅客、担架旅客等)。

残疾旅客，是指带有先天残疾，已习惯于自己生活且具有生活自理能力的盲人、聋哑人，以及手脚不灵便或者只在机场地面和/或上下飞机时需要帮助的残疾轮椅旅客。

(二)病残旅客承运要求

1. 不予承运的范围

(1)有下列情形之一者，航空公司有权拒绝运输或拒绝续程运输：

①患有传染性疾病，如霍乱、伤寒、副伤寒、发疹性斑疹伤寒、痢疾、水痘、麻疹、天花、猩红热、白喉、鼠疫、流行性脑炎、脑膜炎、开放期肺结核、急性肝炎、黄热病、爱滋病及其他传染病；

②精神病患者，易于发狂，可能对其他旅客或自身造成危害者；

③未经妥善处理的面部严重损伤，有特殊恶臭或有特殊怪癖，可能引起其他旅客厌倦或不适者；

④健康情况可能危及自身或影响其他旅客安全者。

(2)患有下列疾病之一者，除为了挽救生命经航空公司同意进行特别安排者以外，均不予承运：

①处于严重或危急状态的心脏病患者，如严重的心力衰竭、呼吸急促、需深度吸氧、面有紫绀症状、健康状况有可能危及自身或影响其他旅客安全的，或心肌梗塞(在旅行前六周之内曾发生过梗塞)者；

②严重的中耳炎，伴随有耳咽管阻塞症的患者；

③近两周内患有自发性气胸的病人或做过气胸整型的患有神经系统病症的患者；

④大纵隔瘤，特大疝肿及肠梗阻的病人；

⑤头部损伤颅内压增高及颅骨骨折者；

⑥下颌骨骨折最近使用金属线连接者；

⑦在过去30天内患过脊髓灰质炎的病人，延髓型脊髓灰质炎患者；

⑧带有严重咯血、吐血、出血、呕吐或呻吟症状的病人；

⑨近期进行过外科手术，伤口尚未完全愈合者。

2. 病残旅客的承运规定

病残旅客须事先提出特殊服务申请。病残旅客陪伴人员的乘机手续，应与病残旅客同时办理。具有下列情况的旅客在定座与购票时必须提供航班离站前48小时内开具的《诊断证明书》一式三份，并在办理乘机手续时交验。

(1)担架旅客；

(2)需要提供飞机上医疗氧气的病患旅客；

(3)肢体病伤旅客；

(4)在飞机上需要额外医疗服务才能够完成所需航程运输的旅客。

诊断证明书

中国南方航空公司

1. 旅客姓名：_____ 2. 年龄：_____ 3. 性别：_____
4. 住址(或工作单位)：_____ 5. 电话：_____
6. 航程：航班号CZ_____ 日期____月____日 自____至____
   联程：航班号_____ 日期____月____日 自____至____
7. 诊断结果：_____
8. 症状、程度、予后（如系孕妇需注明预产期）：_____
   _____

〔注〕（1）上述第7、8两项内容填写，需简单、明确。
（2）下述表格中提供的内容，供机上服务员在飞行途中为病残旅客提供必要的服务时做为参考。

症状＼程度	无	轻度	中等	严重	备注
贫 血					
呼吸困难					
疼 痛					
血 压					

9. 附注：（如有膀胱、直肠障碍或在飞行中需特殊餐食及药物医处理情况等，请予以列明）

10. 需要何种乘坐姿态（将下列适用的项目用〇圈起）：

乘坐姿态		1．使用机上一般坐椅　2．使用机上担架设备
陪伴人员		医生·护士·其他人员（具体列明）·不需要
上下飞机时	轮椅	要·不要
	担架	要·不要
救护车		要·不要

已参阅背面的参考资料，我院诊断认为：该旅客的健康条件在医学上能够适应上述航旅行的要求，无传染疾病，无生命危险，也不致造成对其他旅客的不良影响。

医师_____ 电话_____
　　签字　　　　　　　　医疗单位(盖章)
　　　　　　　　　　　　　　　　　　年　月　日

图 7-1　诊断证明书

(三)病残旅客服务要求

1. 服务人员应主动询问病残旅客需求。不能歧视病残旅客,不能够拒绝或者取消病残旅客享受航空公司为其他旅客提供的服务或待遇。对于符合航空公司运输条件的病残旅客,航空公司必须按规定安排运输。对于不符合运输条件的旅客,在拒绝运输的同时应给予其他建议或意见,并积极协助旅客的选择及后续安排。

2. 航空公司航班上一般不准携带氧气袋。如患病旅客需要随身携带急救氧气袋,应持医生证明,事先提出申请,经 FOC 生产调度席同意后,方可携带一至两袋。

3. 病残旅客除了规定的免费行李额外,可免费携带一部轮椅或其他辅助设备,允许将轮椅或者轮椅的一部人(例如轮子、坐垫)安全地放置在座位上方的行李架内或者座位底下。

4. 必须保障盲人或者视力受损的旅客以及耳聋、听力不佳或者哑人旅客能够接收到航空公司为其他旅客提供的相同信息。包括登机门信息,航班延误及其他不正常信息,安全信息等。

5. 在符合安全规定的前提下,允许病残旅客携带服务性动物(如导盲犬、助听犬)进入客舱,如果动物不阻碍通道或者其他紧急撤离路线,不对其他旅客造成身体或者安全上的明显威胁,不影响空中服务,应尽可能允许服务性动物坐在离主人靠近的位置。

6. 不能让无人陪伴的病残旅客在地面轮椅或者其他不能自由活动的设备中单独等待超过 30 分钟。

7. 对于自己认定为病残的旅客,以下四种具体情况必须提供特殊的座位安排:

(1)当一名旅客使用过道轮椅上机,并且不容易转移翻过固定的过道扶手,必须为其安排过道座位,并且该座位有可移动的座椅扶手。

(2)必须将病残旅客的陪伴人员安排在相临的座位上。

(3)根据旅客需要,尽可能为携带服务性动物进客舱的病残旅客提供前头空间较大的座位。

(4)如果旅客腿被夹板固定,不能自由活动,为其提供空间较大的座位。

8. 除非是在紧急撤离的情况,病残旅客上机、下机或者其他地面服务过程中,不允许服务人员通过手揽、肩背等方式直接碰触旅客身体。

(四)病残旅客服务流程

1. 始发服务

(1)已提前申请特殊服务旅客保障程序

A. 始发站地面服务人员接到病残旅客服务通知,提前准备好相关设备和服务准备。

B. 旅客到柜台后,查验病残旅客乘机证件、客票、《诊断证明书》、《乘机申请书》及其他必需的运输文件。

C. 始发站服务引导人员、值机人员、登机口服务人员当遇到病残旅客时,都有责任和义务根据航空公司病残旅客运输条件判断旅客是否满足乘机要求,并做出相应的处理。

D. 根据旅客的需要提供地面服务。包括提供相关服务设备(如轮椅等)、引导旅客至值机柜台协助旅客办理登机牌、协助办理行李托运、协助旅客进行安全检查、安排旅客在候机厅内休息、提供茶水饮料等服务。

E. 航班登机时,根据旅客意愿,安排提前登机或等其他旅客登机完毕后登机。协助安排登机就座及放置物品、行李及辅助设备。

F. 航班离站后,地面服务单位应及时将病残旅客乘机信息通知经停站和到达站。

特殊旅客服务需求单(C 类)(正面)

航空运输作为病患旅客运输最为快捷方便的方式,在旅程的舒适和平稳上有着相当的优越性。但是,病患旅客的身体状况有可能因长时间的航空飞行、海拔高度及客舱环境而恶化。有鉴于此,并非每位病患旅客都适宜乘机旅行。

民航客机在通常状况下是以每小时 900 公里(560 英里/小时)近音速的速度在 9 000－12 000 米(30 000－40 000 英尺)的高空中飞行。在大气压强与地面落差极大的高空环境中,飞机客舱内只能在航行时进行机械增压。航行过程中,飞机客舱内气压维持在等同于 1 500－2 100 米(5 000－7 000 英尺)高度山顶的气压水平。但是,客舱气压在起飞和降落的 15－30 分钟间起伏极大。

飞机客舱内的气压:当气压降低时,人体内的气体膨胀。在飞行途中,人体内积聚的气体压力无法释放,将挤压旅客身体受伤部位及身体器官,甚至会引起疼痛和/或呼吸困难。

氧气密度:高空中氧气密度逐渐降低,患有呼吸系统、心脏、脑血管疾病以及重度贫血的旅客会因此而导致病情恶化。处于临产期的孕妇及出生不久的婴儿亦会受到不良影响。

鉴于以上原因,有下述(1)－(7)项之一的旅客适用此《特殊旅客服务需求单(C 类)》,并在订票时须提交《医疗诊断证明书》。此《医疗诊断证明书》将作为航空公司判断病患旅客适航性的依据,并据此决定旅客是否适宜乘机。

(1) 需要提供飞机上医疗氧气的旅客。

(2) 飞行途中携带并使用医疗辅助器械以及需要额外治疗服务的旅客。

(3) 在机上需要担架的旅客。

(4) 身患严重疾病或身体受伤的旅客。

(5) 因近期身体状况不稳定、患病、接受过治疗或做过外科手术,从而对自身状况是否适合航空旅行存疑的旅客。

(6) 怀孕期超过 32 周在 36 周以内的孕妇。

(7) 承运人及其代理人怀疑在飞机上需要额外医疗服务的情况下,才能够完成所需航程运输的旅客。

《医疗诊断证明书》在航班离站前 48 小时内填开,由县、市级或者相当于这一级(如国家二甲级)以上医疗单位医师签字和医疗单位盖章方为有效。

对于有以上(1)－(7)项之一的旅客,请您在订票和旅行之务必告知首都航空公司,以便首都航空进行充分准备,为您提供周到的服务。如果您刻意隐瞒病情或告知首都航空信息不充分,由此所造成的后果,首都航空不承担责任。

以下病残旅客必须由旅客提供陪护人员:①无自理能力轮椅旅客;②担架旅客;③心理疾病并且对发出的安全指令不能理解或者做出必要反应;④严重受伤(或损伤)造成行动不便,不能够自己单独完成紧急撤离;⑤听力或者视力严重损伤旅客。陪护人员必须是成人且有自主能力,可协助病残旅客如厕、紧急撤离及登机、下机、进餐等,须熟悉病患病情并提供相关帮助,不可有其他任务(如照顾儿童),能够胜任处理病患旅客机上医疗需要。

特别提示:请填写背面"特殊服务需求单"。然后请通读"旅客声明"并在填完表格后署上您的姓名。

印刷要求:采用 ISO 标准 A4 型纸(尺寸:210×297mm)

特殊旅客服务需求单(C 类)(背面)

(担架旅客、轮椅旅客(WCHC)、孕妇旅客(32 周≤孕期<36 周)、患病或肢体病伤的旅客、需要机上医疗氧气的旅客、押解犯罪嫌疑人、_____)

尊敬的旅客朋友：

　　非常感谢您选乘海南航空公司航班，为了给您提供更好的服务，请您详细填写以下内容，在您需要选择的服务项目"□"内打"√"。

A 个人信息	姓名		性别		年龄	
	航班日期		航班号		电话	
	始发站		经停站		到达站	
	证件种类		证件号码			
	地址					

B 轮椅服务	(1)在机场是否需要轮椅服务？否 □ 是 □		□ 完全无法行动，在客舱座位就座或离开时同样需要帮助(WCHC)
	(2)是否携带自有轮椅旅行？否 □ 是 □	□ 手动轮椅 □ 机械轴环式(WCMP)	□ 在值机柜台进行托运； □ 希望使用自有轮椅到达登机门，在登机门办理托运； □ 飞机到达后，希望飞机舱门口提取托运轮椅； □ 飞机到达后，希望在托运行李提取处提取托运轮椅； ＊目前客舱内无法放置旅客自有轮椅，敬请谅解。
		□ 电动轮椅	□ 携带可溢出液体电池驱动轮椅(WCBW)； □ 携带密封式无溢出电池驱动轮椅(WCBD)； □ 飞机到达后，希望飞机舱门口提取托运轮椅； □ 飞机到达后，希望在行李转盘处提取托运轮椅； ＊电动轮椅装入货舱所需时间较长，因此请您于航班起飞 90 分钟前到值机柜台进行轮椅托运。
	(3)目前海南航空公司无法提供客舱轮椅服务。		

C 引导服务	(1)海航在始发地服务人员引导您到达登机口。 (2)如您乘坐中转航班，海航地面服务人员将引导您到达中转航班登机区。请告知您中转航班号_____起飞时间_____。 (3)目的地海航地面服务人员迎接您，协助您领取托运行李，引导您至到达厅出口。
D 担架	是否需要机上担架？(需要陪护人员和医疗诊断证明书) 否 □ 是 □
E 氧气设备	是否需要使用机上专用医疗氧气设备？否 □ 是 □ 注：根据中国民航 CCAR121.574 条的规定，不允许旅客私自携带氧气袋乘机，需要时可使用机上专用医疗氧气设备。但目前海航飞机上没有配备专用医疗氧气设备。如您需要使用机上氧气瓶，应在定座购票时事先提出申请，须经海航同意并预先做出安排。
F 救护车	海航目前没有救护车服务，请旅客自行联系准备救护车，请告知以下信息： (1) 到达出发地机场，提供救护车的公司名称：_____ 联系电话：_____ (2) 离开目的地机场，提供救护车的公司名称：_____ 联系电话：_____
G 陪护人员	无自理能力的旅客需要陪护随行(协助用餐及到达、使用洗手间)或押解犯罪嫌疑人监护人员 (1)姓名：_____ 年龄：_____ 性别：_____ □ 医生 □ 护士 □ 其他(　　) (2)姓名：_____ 年龄：_____ 性别：_____ □ 医生 □ 护士 □ 其他(　　) (3)姓名：_____ 年龄：_____ 性别：_____ □ 医生 □ 护士 □ 其他(　　)
H 备注	

旅客声明：我即为签字者，保证以上内容真实、有效。旅客(监护人)签字：_____ 日期：_____

海南航空经办单位：_____ 售票处，售票处经办人签字：_____ 日期：_____
　　　　　　　　　　　始发站地面服务单位，经办人签字：_____ 日期：_____

说明：此单一式三联，无碳式复写。第一联为出票联，由售票处留存；第二联为服务联，始发站地面服务人员接收到服务联后，确认承运条件和所有的服务安排，并将此服务联交至航班乘务长处，乘务长在航班到达后，将此服务联交目的地机场地面服务人员处归档；第三联为旅客联。

2. 过站服务

（1）地面服务调度部门在收到上一航站发送的病残旅客信息后，进行记录，并通知相关部门（接机引导、摆渡车单位、机场急救中心医生），按照信息保障要求准备急救车辆、平台车、升降机等辅助设备。

（2）地面服务接机引导人员提前进行准备。如停留时间较短，安排在机上休息（在经停站担架旅客和轮椅旅客原则上不安排下机）；如停留时间较长，安排旅客在候机楼内休息；对于病情异常突发旅客，及时安排下机，由地面紧急救护中心提供后续服务。

3. 衔接站/中转站服务

根据收到的病残旅客乘机信息，与接运方取得联系，以便迅速转运。飞机到达后，应负责迎接旅客，将旅客转交给转运方。并及时将转运情况告知信息发送单位。

4. 到达服务

（1）根据收到的病残旅客乘机信息，到达站地面服务调度部门进行记录，并通知相关部门（接机引导、摆渡车单位、医生），按照信息保障要求准备急救车辆、平台车、升降机等辅助设备，并与旅客的迎接人员取得联系，做出必要的服务安排。

（2）地面服务接机引导人员提前进行准备。飞机到达后，地面服务人员与乘务长进行交接，并签收《特殊旅客乘机服务单》。协助旅客下机，帮助拿取病残旅客行李及其服务辅助设备。负责护送病残旅客，直至迎接人员将病人接走，做好交接。

四、老年旅客

根据《中华人民共和国老年人权益保障法》第二条规定，老年人是指六十周岁以上的公民。

（一）老年人旅客的范围

一般情况下，按照老年人服务需求，将老年人旅客分为无特殊服务需求老年人旅客、一般服务需求老年人旅客和特殊服务需求老年人旅客三种类型。

1. 无特殊服务需求老年人旅客是指身体健康或者自认为身体健康，有自理能力，在航空旅途过程中不需要航空公司给予特别照顾的老年人旅客。此类旅客可按一般旅客进行运输。

2. 一般服务需求老年人旅客是指因年龄偏大，在航空旅途过程中需要航空公司提供某种或者多种服务的老年人旅客。如需要轮椅代步、拐杖支撑、听力视力障碍服务等。

3. 特殊服务需求老年人旅客是指旅客旅途运输过程中需要担架、或者需要提供医疗氧气、或者肢体病伤、或者怀疑在飞机上需要额外医疗服务的情况下，才能完成所需航程运输的老年人旅客。

（二）老年人旅客乘机服务

1. 始发站服务

接到老年人旅客一般服务需求的信息后，根据需求项目，安排相应的特殊服务。如人员引导、提供轮椅设备、协助登机、特殊餐食等。对于现场发现行走不便，或者文盲、语言理解困难等的老年人旅客时，服务人员应主动询问旅客是否需要帮助，并告知可以提供的服务项目,根据旅客的选择及时进行服务保障。

2. 过站或经停站服务

如过站旅客需要下飞机时,空中服务人员与地面服务人员做好交接,安排老年人旅客在登机口附近区域休息。航班过站旅客登机时,过站老年旅客优先登机。

3. 中转站服务

地面服务引导人员提前到达飞机舱门口迎接老年人旅客,引导其到达转机登机区域,与中转航班登机口服务人员或中转航空公司服务人员进行交接后方可离开。

4. 到达站服务

地面服务部门根据预先得到的老年人旅客的运输服务信息,对于申请需要的服务项目,应做出相应的服务安排。在扶梯、电梯、登机廊桥、舷梯等容易造成旅客人身伤害的环节,服务人员及时提醒、搀扶、协助老年人旅客。

五、怀孕旅客

(一)怀孕旅客的运输条件

1. 怀孕不足 8 个月(32 周)的孕妇乘机,除医生诊断不适应乘机者外,在提出乘机申请时应填写《特殊旅客(孕妇)乘机申请书》,按一般旅客接受运输。

2. 怀孕超过 8 个月(32 周)(含)但不足 9 个月(36 周)的健康孕妇,如有特殊情况需要乘机,应在乘机前 72 小时内交验由县、市级或者相当于这一级(如国家二甲级)以上医疗单位盖章和医生签字的《诊断证明书》一式三份,且注明在××日前适宜乘机有效。

3. 下列情况不予承运:

(1)怀孕 9 个月(36 周)(含)以上者;

(2)预产日期在 4 周(含)以内者;

(3)预产期临近但无法确定准确日期,已知为多胎分娩或预计有分娩并发症者;产后不足 7 天者。

(二)怀孕旅客乘机服务

(1)办理乘机手续时,应检查孕妇的运输条件是否符合相关规定。如不符合规定,可拒绝接受运输。

(2)孕妇的座位应安排在较宽敞和便于乘务员照顾的座位(例如靠近舱门的位置)上,但不得安排在飞机紧急出口座位。

(3)在航班离站前,地面服务人员应制作《乘机服务单》并与乘务人员交接。

(4)有孕妇运输的航班,地面服务单位应向前方站进行通报。

六、无成人陪伴儿童

无成人陪伴儿童(亦称无伴儿童)是指年龄满 5 周岁但不满 12 周岁,没有年满 18 周岁且有民事行为能力的成年人陪伴乘机的儿童。

（一）无成人陪伴儿童的运输条件

1. 下列情况不予承运

（1）不足 5 周岁的儿童单独乘机；

（2）12 周岁以下的病残儿童单独乘机。

2. 运输要求

（1）必须在定座购票时，提出无成人陪伴儿童申请，填写《无成人陪伴儿童乘机申请书》；

（2）无成人陪伴儿童只能在订座情况下被允许乘坐航班。OPEN 状态下不允许乘坐。由无人陪伴儿童的父母或监护人负责办理完乘机手续前，抵达到达站出口后的接送和照料；

（3）无人陪伴儿童的父母或监护人负责向承运人提供目的站的接送人姓名、地址和电话号码；

（4）需要承运人或者由当地雇佣服务人员照料儿童时，应预先提出并经承运人同意后，方可接受运输。

中国南方航空
CHINA SOUTHERN
无成人陪伴儿童乘机申请书
UNACCOMPANIED MINOR
REQUESTED FOR CARRIAGE – HANDLING ADVICE

至： 中国南方航空公司_____售票处　　　　　日期

TO _____　　　DATE _____

儿童姓名 NAME OF MINOR _____　　性别 SEX _____

出生年月 DATE OF BIRTH _____　　　年龄 AGE _____

航程 ROUTING

自 FROM	至 TO	航班号 FLT NO	等级 CLASS	日期 DATE

航　站 STATION	接送人姓名 NAME OF PERSON ACCOMPANYING	地址、电话 ADDRESS AND TEL NO
始发站 ON DEPARTURE		
中途分程站 STOPOVER RPOINT		
中途分程站 STOPOVER POINT		
中途分程站 SPOPOVER POINT		
到达站 ON ARRIVAL		

儿童父母或监护人姓名、地址、电话：
PARENT/GUARLIAN—NAME, ADDRESS AND TEL NO _____

声明

中国南方航空公司_____ 售票处:_____ 日期:_____

1. 我证实申请书中所述儿童在始发站、航班衔接站和到达站由我所列明的人负责接送。接送人将保证留在机场内,直至航班起飞以后,以及按照班期时刻表所列的航班到达时间以前抵达到达站机场内。

2. 如果由于正面所列接送人未按规定进行接送,造成儿童无人接送时,为保证儿童的安全运输包括返回始发站,我授权承运人,可以采取必要的行动,并且同意支付承运人在采取这些行动中所支付的必要的合理的费用。

3. 我保证该儿童已具备有关国家政府法令要求的全部旅行证件(如:护照、签证、健康证明书等)。

4. 我作为正面所列儿童的父母或监护人,同意和要求该儿童按无成人陪伴儿童的规定,进行运输,并证明所提供的情况,正确无误。

申请人签字_____

DECLARATION

To: _____ office, CHINA SOUTHERN AIRLINES DATE:_____

1. I declare that I have for the minor mentioned on the reverse side of this sheet to be accompanied to the airport on departure and to be met at stopover point(s) and upon arrival by the persons named. These persons will remain at the scheduled time of the arrival of the flight.

2. Should the minor not be met as the stated on the reverse side of this sheet, I authorize the carrier(s) to take whatever action they consider necessary to ensure the minor's safe to indemnify and reimburse the carrier (s) for the necessary and reasonable costs and expenses incurred by taking such action.

3. I certify that the minor is in possession of all travel documents (eg. passport, visa, health certificate, etc.) required by applicable laws.

4. I, the undersigned father/mother or guardian of the minor mentioned on the reverse side of this sheet agree to and request the unaccompanied carriage of the minor named on the reverse side of this sheet and certify that the information provided is accurate.

Signature_____

(二)无成人陪伴儿童乘机服务

1. 始发服务

(1)地面特殊旅客服务人员应查看《无成人陪伴儿童乘机申请书》,必要时核实航班目的站的指定接送人情况,无误后发给无成人陪伴儿童标志牌和文件袋,并引导无成人陪伴儿童前往值机柜台办理乘机手续。单个无人陪伴儿童应尽可能安排在前排过道座位,多名无人陪伴儿童应集中安排在便于客舱乘务员照料的适当的前排座位。但不得安排在飞机的紧急出口。

(2)候机及登机服务。

A. 从无人陪伴儿童办理乘机手续至登机完成后的整个候机期间,特殊旅客服务人员应全程陪伴无人陪伴儿童。

B. 无成人陪伴儿童可安排先于其他旅客登机。

C. 在无成人陪伴儿童登机时,由特殊旅客服务人员将儿童及《乘机服务单》一并交给客舱乘务长,办妥交接手续后,其中一份《乘机服务单》由服务部门存档备查。

D. 客舱乘务长须检查无人陪伴儿童的乘机证件和机票,并查看儿童的胸前是否别有无成人陪伴儿童标志牌和文件袋。

E. 航班离站后,特殊旅客地面服务单位应将无伴儿童乘机信息通知目的站,并告知始发站无人陪伴儿童的送机人员和目的站无人陪伴儿童的接机人员。

图7-2 无人陪伴儿童服务

2. 过站服务

(1)无人陪伴儿童乘坐的航班是在中途作短暂停留的经停航班,无人陪伴儿童可安排在飞机上,由当班乘务在飞机上照料,不下飞机。

(2)如果上述情况被禁止或停留时间很长,乘务长与经停站特殊旅客服务人员交接,经停期间由特殊旅客服务人员照看。在航班离站关舱前,由特殊旅客服务人员将儿童与乘务长进行交接。

(3)遵从旅客意愿,如在过站期间,需要由儿童父母或监护人安排在该地点的指定的接送人进行照看,经停站的特殊旅客服务单位在收到上一航站的无伴儿童乘机信息后,应及时联系接送人。

特殊旅客服务人员在飞机到达10分钟前到停机位(远机位)或廊桥口(飞机靠廊桥)迎接,随后将无人陪伴儿童与指定的接送人交接。在航班离站关舱前,由特殊旅客服务人员将儿童与乘务长进行交接。此过程均需要签字确认。

(4)当儿童在等候续程航班期间交由经停站当地雇佣的服务人员照料时,航班经停站应与该服务人员保持密切的联系和合作。

(5)如班机发生备降或在航班中途站更换乘务组,上一班的乘务组应保证儿童和文件袋转交给下一班乘务组。

3. 到达服务

(1)目的站特殊旅客服务单位在收到上一航站的无伴儿童乘机信息后,安排特殊旅客服务人员在飞机到达10分钟前到停机位(远机位)或廊桥口(飞机靠廊桥)迎接无人陪伴儿童。

(2)在儿童到达前,目的站特殊旅客服务单位与儿童乘机信息中指定的迎接人联系,应将预计到达时间随时通知迎接儿童的儿童父母或监护人。飞机到达后,乘务长应将儿童和文件袋及《乘机服务单》交给目的站的地面服务人员,并办理交接手续,由服务人员带领儿童办理各项到达手续。

(3)地面服务人员将儿童和文件袋交给迎接儿童的儿童父母或监护人。在交接时须查验迎接儿童的儿童父母或监护人的证件,确认无误后方可交接,同时请儿童的父母或监护人在《无成人陪伴儿童乘机申请书》上签字。

(4)如果没有人来接无人陪伴儿童,特殊旅客服务人员进行广播;如果广播没有效果,目的站特殊旅客服务人员通知无人陪伴儿童的父母或其监护人,并照顾无人陪伴儿童直到指定人到达。

(5)将儿童交给儿童的父母或监护人后,目的站应将无成人陪伴儿童运输完成情况通知经办的售票处,同时将无成人陪伴儿童的资料及儿童的父母或监护人签字的无成人陪伴申请书等资料存档备查。

七、其他特殊旅客服务

(一)婴儿旅客服务

婴儿旅客,指年龄不满2周岁,乘坐飞机时有年满18周岁且具有民事行为能力的成年人陪同的人。

1. 运输条件

(1)出生不足14天的足月婴儿和出生不足90天的早产婴儿原则上不予承运。

(2)不满两岁的婴儿按正常票价的10%购票,不占座位。

(3)婴儿应由年满十八周岁以上成人携带方可乘机。每一成人只能携带一个按正常票价的10%购票的婴儿,超过数量的婴儿应按正常票价的50%购票,并单独占座位。婴儿无免费行李额。

(4)为便于运行控制、保证旅客的服务质量,一般以每名乘务员服务5名婴儿为标准,对婴儿的承运数量进行限制。

2. 乘机服务

（1）婴儿应与陪伴的成人旅客同时办理乘机手续。

（2）购买婴儿票的婴儿旅客，不为其提供座位，但如机上座位不满，可在携带婴儿的成人旅客座位旁留出一个空座位（非紧急出口座位）。

（3）携带婴儿的成年旅客的座位严禁安排在紧急出口排座位。服务人员应根据情况为携带婴儿的成人旅客提供必要的帮助。

（二）押解犯罪嫌疑人

公安机关押解犯罪嫌疑人，一般不准乘坐民航班机。押解犯罪嫌疑人要从严控制，确有特殊情况需要押解的，须由押解所在地公安机关报请民航局公安局批准同意，并由省、市级（含）以上公安部门出具押解证明，方可接受押解运输。

押解犯罪嫌疑人乘坐民航班机需符合以下运输条件：

（1）运输犯罪嫌疑人只限在运输始发地申请办理定座购票手续。

（2）在执行押解犯罪嫌疑人任务前须向当地民航公安机关通报案犯的情况和准备采取的安全措施。犯罪嫌疑人及其押解人员仅限于乘坐经济舱。

（3）在有VIP、VVIP的航班上，不得载运押送犯罪嫌疑人。

（4）押解犯罪嫌疑人运输过程应注意保密，不得随意向无关人员透露。

实训任务

请与你的团队成员紧密合作，在老师的指导下，应用所学到的知识，利用网络调研、资料收集或者实地访谈等形式，对机场特殊旅客服务进行试训。

实训准备

组建3-5人规模的试训团队，建议团队中应包含男性和女性，名额以单数为好，以便处理意见分歧。

确定特殊旅客的服务流程和注意事项。

准备签字笔、记录本，有条件的话，准备相机和录音笔。

根据实训案例进行服务情景设计。

实训案例

每年暑期，都会有一群特殊的小旅客独自乘机，从四面八方"迁徙"到另一座城市。由于无法陪伴孩子出行，不少家长选择空中"邮寄"孩子，无人陪伴儿童数量有明显上升。笔者从南航新疆分公司了解到，进入暑假后，平均每周超过200名无人陪伴儿童乘坐南航航班进出乌鲁木齐，最多一天达44名。请你根据航空公司规定，进行无成人陪伴儿童地面运输服务方案设计，并进行情景模拟。

实训总结

实训总结。

制作汇报PPT。

演讲汇报。

修改思路,完成《无成人陪伴儿童地面运输方案设计》。

教师和企业专家共同评分。

自我评估

1. 特殊旅客的分类有哪些?
2. 请说出担架旅客的地面运输流程。
3. 接受孕妇旅客的注意事项有哪些?

学习资源

◆ 文献类

[1] 田佳. 从现场出发——提升特殊旅客地面服务满意度[J]. 东方企业文化,2014,(9)。

[2] 刘永俊. 怎样正确和有效服务特殊旅客群体[J]. 空运商务,2012,(7)。

◆ 视频类

深圳航空轮椅旅客服务,http://v.youku.com/v_show/id_XNzQ3Nzc2MjE2.html

无陪儿童服务,http://v.youku.com/v_show/id_XNzQ3ODA5ODky.html

项目八 行李服务

学习目的

1. 了解我国民航行李运输的有关规定
2. 了解并掌握行李收运的流程
3. 掌握行李赔偿的相关规定

案例引入

李小姐乘 LH4729/15DEC/CA932/15DEC 航班从 LHR 经 FRA 到 PEK，行李未能同机到达，旅客在机场做了不正常行李运输的登记。旅客丢失的行李经行李查询室按照正常程序认真查找，始终未能找到。根据李小姐的申报，行李内装衣物、学习文件、资料、数码照相机和电子词典等，总价值约 29000 元，李小姐的父亲坚持认为航空公司除了应该按照最高限额给予赔偿外，仍应该承付其女儿在此次行李运输事故中所承受的精神损失赔偿和由于行李内教学和学习资料丢失造成的间接损失，这样才能体现航空公司的真诚，并且拒绝接受航空公司按照限额标准给予的赔偿，经过航空公司和旅客之间多轮协商，航空公司最终在限额内给旅客进行了全额赔偿。

案例来源：《行李的归宿——详解民航空旅客行李运输》，民航资源网，2011.07

案例启示：

李小姐的行李到底去了哪里？行李的航空旅程到底是什么样的？出现了这些问题究竟应该如何处理？航空公司是怎么处理长期无人认领行李的？案例中涉及到行李内容的很多问题与旅客密切相关，因此对行李不正常运输的处理是决定航空服务质量的重要环节。

知识准备

行李运输是旅客运输工作的组成部分,在旅客运输中占非常重要的地位。行李运输工作的好坏直接影响飞行安全、航班正常和服务质量。如:行李装载内容有无危险品、限制携带品等,直接关系到飞行的安全;行李收运的时间,影响航班的正常发出;旅客收到行李的时间,行李运送的完好程度等影响服务质量。

一、行李运输的一般规定

(一)行李的定义和分类

行李是旅客在旅行中为了穿着、使用、舒适或方便而携带的物品和其他个人财物。除另有规定者外,包括旅客的托运行李和自理行李。

按照运输责任分为托运行李、自理行李和随身携带物品。

(1)托运行李(CHECKED BAGGAGE)

托运行李是指旅客交由承运人负责照管和运输,并拴挂行李识别标签的行李。各航空公司对托运行李的重量、体积和件数都有相关要求。

表 8-1

航空公司	托运行李重量规定	托运行李体积规定
中国国际航空公司	2kg<托运行李/件≤45kg	60cm<长+宽+高<203cm
中国南方航空公司	托运行李(国内)/件≤50kg	长+宽+高≤200cm
	托运行李(国际涉美航线)/件≤45kg 托运行李(国际非涉美航线)/件≤32kg	长+宽+高≤150cm
中国东方航空公司	托运行李≤50kg	长+宽+高≤158cm

(2)非托运行李(UNCHECKED BAGGAGE)

非托运行李是指经承运人同意由旅客带入机舱自行负责照管的行李,随身携带行李的体积应能置于旅客的前排座椅下或封闭式行李架内。如一定量的食品、书报、照相机、大衣等、易碎品、贵重物品、外交信袋等特殊物品可以作为非托运行李由旅客带入客舱内。

(二)免费行李额

免费行李额是根据旅客所付运价、乘坐舱位等级和旅客乘坐的航线决定的。各家航空公司对免费行李额的规定有所不同。以我国海南航空公司为例:

★海航中美航线免费行李额

表8-2

地区	客舱级别	每件行李重量上限	行李数量上限	每件尺寸总限
中美航线	头等舱/公务舱	32公斤（70磅）	两件	158厘米（62英寸）
	经济舱	23公斤（51磅）	两件	158厘米（62英寸）
	婴儿	23公斤（51磅）	一件，另可免费托运一辆折叠式婴儿车或摇篮，如客舱空间允许，在征得乘务长同意后可带入客舱	115厘米（45英寸）
	儿童	等同成人免费行李额		
	金鹏金卡会员	头等舱、公务舱32公斤（70磅）、经济舱23公斤（51磅）	在相应舱位的免费行李额上增加1件免费行李	158厘米（62英寸）
	金鹏银卡会员			

★海航中加航线免费行李额

表8-3

地区	客舱级别	每件行李重量上限	行李数量上限	每件尺寸总限
中加航线	头等舱/公务舱	32公斤（70磅）	两件	158厘米（62英寸）
	经济舱	23公斤（51磅）	两件	158厘米（62英寸）
	婴儿	23公斤（51磅）	一件，另可免费托运一辆折叠式婴儿车或摇篮，如客舱空间允许，在征得乘务长同意后可带入客舱	115厘米（45英寸）
	儿童	等同成人免费行李额		
	金鹏金卡会员	头等舱、公务舱32公斤（70磅）、经济舱23公斤（51磅）	在相应舱位的免费行李额上增加1件免费行李	158厘米（62英寸）
	金鹏银卡会员			

★海航大陆航线免费行李额

表8-4

地区	客舱级别	总重量上限	行李数量上限	每件尺寸总限
中国大陆航线	头等舱	40公斤（88磅）	请尽量限制您的行李于两件之内	托运行李每件最大重量不能超过50公斤，体积不能超过40×60×100厘米。超过上述规定的行李，应事先征得海南航空公司的同意才能托运
	公务舱	30公斤（66磅）		
	经济舱	20公斤（44磅）		
	婴儿	10公斤（22磅），另可免费托运一辆折叠式婴儿车或摇篮，如客舱空间允许，在征得乘务长同意后可带入客舱		
	儿童	等同成人免费行李额		
	金鹏金卡会员	再加20公斤（44磅）		
	金鹏银卡会员	再加10公斤（22磅）		

(三)逾重行李费

旅客托运行李和非托运行李，超过该旅客免费行李额的部分，称为逾重行李，应当支付逾重行李费。收取逾重行李费，向旅客出具逾重行李票。逾重行李费率：每千克按当日所适用的单程直达成人经济舱公布票价的1.5%计算，收费总金额以人民币元为单位，小数点保留至个位，尾数四舍五入。下表为国航逾重行李计费方式。

表8-5

经济舱	每件重量限制	每件体积限制	中日航线及至美洲的航线、夏威夷航线	
			人民币	美元
超出的第一件行李	不超过23公斤	小于158厘米	300	200
免费行李超大		大于158厘米		
免费行李超重	24-32公斤	小于158厘米	1300	200
免费行李超大且超重		大于158厘米	2600	400
免费行李过重	33-45公斤	小于158厘米	2600	400
免费行李过重且超大		大于158厘米	3900	600
超出的第二件及以上行李	不超过23公斤	小于158厘米	2000	300
超件行李超大		大于158厘米	3300	500
超件行李超重	24-32公斤	小于158厘米	3300	500
超件行李超大且超重		大于158厘米	3900	600

续表

超件行李过重	33－45公斤	小于158厘米	3900	600
超件行李过重且超大		大于158厘米	5200	800
头等公务舱	每件重量限制	每件体积限制	人民币	美元
免费行李超大	不超过32公斤	大于158厘米	1300	200
免费行李过重	33－45公斤	小于158厘米	2600	400
免费行李过重且超大		大于158厘米	3900	600
超出的第一件及以上行李	不超过32公斤	小于158厘米	1300	200
超件行李超大		大于158厘米	3300	500
超件行李过重	33－45公斤	小于158厘米	3900	600
超件行李过重且超大		大于158厘米	5200	800

（四）行李声明价值

根据航空运输规定，旅客托运的行李在运输过程中发生损坏、灭失时，承运人按照每公斤最高赔偿限额赔偿。当旅客的托运行李每公斤实际价值超过承运人规定的每公斤最高赔偿限额时，旅客有权要求更高的赔偿金，但必须在托运行李时办理行李声明价值，并付清声明价值附加费。办理过声明价值的行李，如在运输途中由于承运人原因造成损失，承运人应按照旅客的声明价值赔偿。

声明价值行李运输的规定：

（1）属国内运输的托运行李每公斤价值超过50元时或属国际运输的托运行李每公斤价值超过20美元时，可办理行李声明价值。承运人应按旅客声明价值中超过最高赔偿限额部分价值的千分之五收取声明附加费。

（2）声明价值附加费以元为单位，不足元者应近整为元。

（3）当旅客申报价值为外币，应按当日银行公布买入价折算成人民币。

（4）每一位旅客的行李声明价值最高限额为人民币8000元。行李的声明价值不得超过行李本身的价值，如承运人对声明价值有异议而旅客又拒绝接受检查时，承运人有权拒绝收运。

（5）非托运行李和小动物不办理行李声明价值。

（6）声明价值行李的计费重量为公斤，不足公斤者应进整。但实际重量应保留至小数点后一位。

（7）除与另一承运人有特别协议外，一般只能在同一承运人的航班上办理行李声明价值。

（8）办理声明价值的行李重量不计入免费行李额内，应另外收费。

（9）行李声明价值附加费的计算公式：声明价值附加费＝（行李声明价值－每一公斤最高赔偿额×声明价值行李重量）×5％。

（五）不得作为行李运输的物品

航空承运人一般会根据国际民用航空组织（ICAO）《危险物品航空安全运输技术细则》、

国际航空运输协会(IATA)《危险物品运输规则》和我国法律、法规或者命(明)令禁止运输的以及可能危及航空器、机上人员或者财产安全的物品列明旅客不得作为行李运输的物品。

1. 不符合旅客在旅行中为了穿着、使用、舒适或便利而携带的必要或适量的物品和其他个人财物，包括旅客的托运行李和非托运行李定义的物品。

2. 危险品(包括但不限于)：
   (1)爆炸品；
   (2)气体，包括易燃和非易燃无毒气体、有毒气体；
   (3)易燃液体；
   (4)易燃固体、自燃物质和遇水易燃物质；
   (5)氧化剂和有机过氧化物；
   (6)毒性物质和传染性物质；
   (7)放射性物质；
   (8)腐蚀性物质；
   (9)杂项危险品。

3. 枪支、弹药、军用或警用械具(含主要零部件)，符合本条件8.1.3.10规定除外。
   (1)军用枪、公务用枪：手枪、步枪、冲锋枪、机枪、防暴枪等；
   (2)民用枪：气枪、麻醉注射枪等；
   (3)其他枪支：样品枪、道具枪等；
   (4)军械、警械：警棍、军用或警用匕首、刺刀等；
   (5)国家禁止的枪支、械具：钢珠枪、催泪枪、电击枪、电击器、防卫器；
   (6)上述物品的仿制品。

4. 管制刀具
   (1)指由公安部颁布实施的《对部分刀具实行管制的暂行规定》中所列的刀具，包括：匕首、三棱刀(包括机械加工用的三棱刮刀)、带有自锁装置的刀具和形似匕首但长度超过匕首的单刃刀、双刃刀以及其他类似的单刃、双刃、三棱尖刀等。
   (2)中国民族自治地区的少数民族旅客由于生活习惯需要佩带、使用的藏刀、腰刀、靴刀等刀具，只适用于始发站和终点站均在民族自治地区内的航班作为托运行李运输，且不得带入客舱。

5. 其他物品
   (1)重量、体积、包装、形状或性质不适合运输的物品；
   (2)活体动物：野生动物或/和具有形体怪异或具有易于伤人等特征的动物，如蛇等；
   (3)带有明显异味的鲜活易腐物品，如榴莲等；
   (4)容易污损飞机的物品；
   (5)磁性物质；
   (6)具有麻醉、令人不快或其他类似性质的物品；
   (7)国家法律、法规和航空公司规定不适宜作为行李运输的物品。

(六)不得作为托运行李运输的物品

旅客不得在托运行李中夹带或放置货币、流通票证、有价证券、汇票、易碎或易损物品、易腐物品，珠宝、贵重金属及其制品、金银制品、古玩字画、绝版视频、绝版印刷品或手稿、样品或其他贵重物品、重要文件和资料、外交信袋、旅行证件、电脑及配件、个人通讯设备及配件、个人电子数码设备及配件等需要专人照管的物品以及个人需要定时服用的处方药。

（七）限制运输的物品

管制刀具以外的钝器、利器和类似的物品可以作为托运行李运输，但包装要适当；上述物品不得带入客舱。旅行途中所需的药品或化妆品，如含酒精的药剂，润发剂和香水。放在易腐物品内的干冰，含有酒精的饮料，玩具枪须作为托运行李运输，不得带入客舱。精密仪器、电器、金属、批量物件等类物品，应作为货物托运，此类物品的重量不计入免费行李额内。每位旅客手提行李中的液体、凝胶及喷雾类物品，均需容量不超过100毫升的容器盛载，总量相加不超1公升。旅客旅行中使用的电动轮椅，服务犬，包括：辅助犬、导盲犬、助听犬。用于狩猎和体育运动的枪支和弹药，托运武器单位必须提供其公司认可证明及省级公安机关出具的枪支运输许可证，作为托运行李运输，不得作为自理行李或随身物品带入客舱。枪支必须卸下子弹和扣上保险并妥善包装，弹药的运输按危险物品运输的有关规定办理。大型乐器等不适宜在航空器货舱内运输，且重量、体积超过非托运行李的限制规定的物品，可单独付费带入客舱占座，由旅客自行保管，并独自承担保管责任。锂电池不得作为托运行李运输。

二、行李不正常运输

行李不正常运输，是指在行李运输过程中，由于承运人疏忽，过失等原因造成的行李运输事故。

（一）违章行李

旅客的行李内装有不得作为行李运输的物品或国家规定的禁运物品、或危险物品、或未经承运人同意运输的限制物品等，其整件行李视为违章行李。对违章行李，承运人一般会进行下列办理：

在始发地发现违章行李，承运人有权拒绝收运；如已承运，有权取消运输，已收逾重行李费不退。

在经停地发现违章行李，应立即停运，已收逾重行李费不退。

对违章行李中夹带的国家规定的禁运物品，限制携带物品或危险物品，交政府有关部门处理。

（二）行李退运

旅客在始发地要求退运行李，必须在行李装机前提出。如旅客退票，已收运的行李也必须同时退运。

旅客在经停地退运行李，除时间不允许外，可予以办理；但未使用航段的已收逾重行李费不退。

办理声明价值的行李退运时，在始发地退还已交付的行李声明价值附加费，在经停地不退已交付的行李声明价值附加费。

由于航空公司原因安排旅客改乘其他航班，行李运输应随旅客作相应的变更，已收逾重行李费由航空公司多退少补；已交付的行李声明价值附加费不退。

(三)少收行李的处理

少收行李是指未能按照预先约定的时间、地点交付旅客,下落不明尚待查找的托运行李。少收行李分为到达少收行李和出发少收行李两种情况。

(1)到达少收行李的处理程序

a. 在航班到达前,行李查询部门的工作人员须先检查所有关于即将到达的航班的不正常行李运输的电报,以便旅客前来询问时作准确答复。

b. 航班到达后,当旅客报告行李未到时,如经查实确无相关电报提供有关信息,则须进行如下具体查找工作:

查验旅客的客票、身份证和行李牌识别联(及逾重行李票);弄清旅客姓名及航程,客票及行李票上填写的托运行李件数;行李牌识别联上的目的地与客票上的是否相符,有无改变航程,客票是否签转等情况;向旅客了解所遗失行李的形状、颜色和制作材料等特征;如果是联程行李还要向旅客询问行李转运情况,最后看行李的地点,是否已经在中转站提出查询;查看行李到达大厅周围、传送带两旁、行李拖车上是否有遗留的行李;通知装卸部检查货舱、集装箱内是否漏卸行李;向货运站仓库了解有无作为货物错卸的行李;如属于国际的转机旅客,还需向海关查询;查看本站多收行李记录和电报。

经过上述步骤仍未找到行李时,则进行以下工作:

会同旅客填写"行李遗失事故记录"(PIR)一式两份,一份交旅客收执,凭以领取行李或作为索赔的依据;另一份由填制的查询部门留存;收回旅客所持的行李票识别联,附于存档的"PIR"存查联上;据此拍发少收查询电报;按规定和标准支付旅客临时生活补偿费。

(2)出发少收行李处理程序

出发少收行李是指本站始发至外站,未能与旅客同机到达而尚待查找的行李。

旅客在到达站的出发行李查询,根据到达站发来的少收电报,在"出港少收行李处理登记表"上做好记录,建立该出发少收行李的少收档案;根据少收电报提供的资料,查看本站多收行李登记和各站发来的多收行李电报。

(五)多收行李的处理

多收行李是指在每次航班到达后,行李交付工作已经完毕,仍无人认领的行李,或在出发站发现的,因行李票掉落、旅客迟到等原因而无法与旅客同机运出的行李。

多收行李的种类:

错运行李:挂有至外站的行李牌,错运至本站的行李;

无人认领行李:挂有到本站的行李牌,行李交付工作完毕后,仍无人认领的行李;

无行李牌行李:行李交付工作完毕后,仍无人认领且行李上没有行李牌的行李;

迟运行李:指本次航班应予载运而未能运出的漏装、行李牌脱落、迟交运等行李。

(六)错运行李的处理

当错运行李情况发生时应在"不正常行李运输登记本"上做好记录;拴挂速运牌,速运牌上注明接收单位和速运原因;按其行李牌上所示的有效到达站安排最早航班速运至正确航站;拍发速运电报;本站没有至行李目的站的直达航班,可以将该行李退回行李的发出站;当天没有适用航班速运该行李时,在行李上拴挂多收行李牌入库保管,向行李发出站拍发电报;不能确定行李上的行李牌有效时,向发出站和行李牌所示目的站拍发多收电报,此行李视为掉牌行李。

(七)无行李牌行李和无人认领行李的处理

当接收到无行李牌行李和无人认领的行李时应在"不正常行李运输登记本"上做好记录;查看行李上的旅客姓名、地址标贴/牌、行李类型、颜色;核对其他航站发来的少收电报,无对应少收时在4小时内向有关航站发送多收电报(OHD);将行李拴挂多收行李牌入库存放;及时通知货运站,看是否货物错卸到行李传送带;72小时后仍无人认领的行李可退回始发站;行李到达次日起超过90天仍无人认领的,可按照无法交付行李处理。

(八)破损行李的处理程序

旅客提取行李时声明行李损坏,工作人员应立即查验行李上拴挂的是否"免除责任行李牌","行李托运前有破损"或"包装不符合规定"是否有标注,旅客是否已签名确认;请旅客出示行李牌识别联、机票或登机牌、身份证;会同查看损坏行李外包装损坏情况;必要时查看行李内物是否短缺;属于承运人责任的,会同旅客填写"行李运输事故记录"、"旅客行李索赔单"、"行李赔偿费收据",进行赔偿;拍发破损电报;在"破损行李事故记录本"上做好记录。

三、行李的赔偿

旅客的托运行李在承运过程中发生遗失、损坏、污染、短缺或延误运输的,承运人应负赔偿责任;旅客自理行李和手提行李发生损失除能提出证明是承运人过失造成的,承运人不负赔偿责任;未缴费的逾重行李的逾重部分,承运人不负赔偿责任;与"免除责任行李牌"上标明的项目相对应的破损,承运人不负赔偿责任;因自然灾害或其他无法控制的原因、旅客没有遵守国家法规和政府规定或旅行条件、行李本身的性质缺陷或内部物品造成的行李破损、变质、减量,承运人不负赔偿责任。

行李赔偿的一般标准:国内航线,行李发生损失的赔偿标准是每公斤100元人民币。国际航线,分华沙条约缔约国(简称华约)和蒙特利尔公约缔约国(简称蒙约)。符合"华约"条件的赔偿标准每公斤20美元。符合"蒙约"条件的赔偿标准,不分托运行李或是非托运行李,最高不能超过每名旅客1000特别提款权。特别提款权(SDR)一般以伦敦市场午市欧元、日元、英镑对美元的汇率中间价作为计算标准。以2009年3月27日为例:每单位特别提款权=0.6320美元、0.41欧元、18.4日元、0.0903英镑、10.21人民币。国内航线承运人对非托运行李的赔偿标准不超过人民币3000元。国际航线"华约"标准为332特别提款权(5000法郎为限,等于400美元);"蒙约"标准中,对于每名旅客的行李赔偿包含有托运行李和非托运行李两个部分,最高不能超过1000特别提款权。

★**国航的行李赔偿标准**

国内航班:

如托运行李被损坏或丢失,赔偿金额应低于100元人民币/公斤(2.2磅)(或等值外币)。如行李价值不足100元人民币/公斤(2.2磅)(或等值外币),则根据行李的实际价值赔偿。

国际航班:

对于符合《华沙公约》标准的航班，行李赔偿限额为每公斤17 SDR。如行李的实际损失低于此标准，将根据行李的实际损失进行赔偿。非托运行李的赔偿限额为332 SDR。

对于符合《蒙特利尔公约》条件的航班，行李赔偿限额为每公斤30美元（或等值外币）。如果行李的实际损失低于此标准，将根据行李的实际损失进行赔偿。如果能提供适当证明，每名旅客托运和非托运行李的赔偿限额为1131 SDR[①]。

如不能确定行李重量，公司将根据各级客舱每位乘客免费行李上限规定的重量进行赔偿。

行李延误的一次性赔偿金额为：经济舱300元人民币（或等值外币），公务舱400元（或等值外币），头等舱500元（或等值外币）。

行李赔偿应根据国航有关行李运输的规定进行确认。

如果旅客的行李已经投保，国航可为旅客提供相关文件，以便旅客向投保公司索赔。

实训任务

请与你的团队成员紧密合作，在老师的指导下，应用所学到的知识，利用角色扮演的形式，模拟行李运输流程以及行李不正常运输服务。

◆实训准备

组建3-5人规模的团队，建议团队中应包含男性和女性，名额以单数为好，以便处理意见分歧。

团队设计行李运输服务流程场景，确定小组成员扮演的角色。

由其他小组即兴设计一种不正常行李运输服务情景，请团队成员合作处理。

准备实训用品。

◆实训过程

组长用行李运输流程情景进行阐释。

团队合作表演行李包装、行李收运、行李退运业务操作。

团队合作处理由其他小组设计的不正常行李运输服务情景。

指导教师分小组点评并示范规范操作。

◆实训结束

小组互评。

指导教师总结。

教师和企业专家共同评分。

操作步骤

◆第一步：团队成员设计行李运输服务场景，确定小组成员扮演的角色

---

① SDR指的是国际货币基金组织规定的特别提款权，一SDR的价值约为1.37美元，其兑换率可上下浮动。

组长阐述设计的行李运输服务表演场景。
确定小组成员扮演的角色。

◆ 第二步：行李运输服务业务操作

行李包装。

行李收运。

行李退运。

◆ 第三步：其他小组设计一种不正常行李运输服务情景，团队成员合作处理

其他小组组长阐述所设计的不正常行李运输服务情景。

团队成员2分钟讨论。

团队成员合作处理，并表演其处理程序。

◆ 第四步：小组互评

小组进行互评。

投票选出最佳表演团队。

课后练习

1. 什么是行李？行李的分类是怎样的？
2. 托运行李的包装要求有哪些？
3. 简述行李服务的流程。
4. 什么是行李的不正常运输？它分为哪几类？
5. 分别阐述行李不正常运输中每一类的处理流程是怎样的。

学习资源

◆ 文献类

[1] 田梦然. 由首都机场看全国机场推广国际转国内行李直挂的可行性[J]. 中国民用航空, 2014, (11)。

[2] 杨芳. 从行李培训引发的行业服务思考[J]. 空运商务, 2006, (6)。

[3] 童欣. 东航国内行李运输事故的处理与赔偿[J]. 江苏航空, 2011, (08)。

◆ 视频类

机场行李系统, http://v.youku.com/v_show/id_XNjc1ODQ5MDA4.html

托运行李不翼而飞, http://v.youku.com/v_show/id_XNDg2NTk4ODg4.html

◆ 案例类

行李的归宿——详解航空旅客行李托运, http://news.carnoc.com/list/195/195893.html。

价值百万古董办理托运 损坏后无法照价赔偿, http://news.carnoc.com/list/141/141410.html

项目九 不正常运输服务

学习目的

1. 掌握航班不正常运输时的服务流程
2. 掌握旅客不正常运输时的服务流程

案例引入

2013年12月15日，不期而至的冰雪天气侵袭昆明长水机场。截至当天21:00，长水机场共取消进出港航班152班，控制区内滞留旅客8700多名。情绪激动的旅客哄抢盒饭、打砸值机柜台、随处粘贴机场领导电话号码，众多网友通过微博、微信等平台吐槽抱怨。

2014年2月6日，大雪天气转战郑州新郑机场，跑道间歇性开放数次。受此影响，2000余名旅客滞留机场，机场通往市区的交通也几乎瘫痪。情绪失控的旅客打砸办公电脑、向工作人员泼洒饮料，旅客躺安检设备而睡、席走道角落而坐的场景随处可见。央视《新闻调查》栏目以"被延误的航班"为题，深入报道了此事。

图片来源：凤凰网

图片来源：中国网

图9-1

案例启示：

不正常航班对机场带来一定的影响，同时也加大了服务的强度和难度，处理不当会损害机场的形象。如何妥善处置航班不正常引发的服务问题，及时迅速地制定并实施有效的服务策略，已成为机场服务的关键。

知识准备

客票售出后因工作人员的疏忽造成客票差错致使旅客不能成行或因航班特殊情况或因旅客乘机过程中的种种原因，如机务工程、航班调配、商务、机组、改变航班计划、天气或空中交通管制、机场限制等原因造成的超出民航局及公司关于正常航班考核时间运行的航班，就被称为旅客不正常运输。

旅客不正常运输的原因分为航空公司原因和非航空公司原因两类。航空公司原因指由于机务维护、地面服务、空勤人员、公司计划、清洁、配餐、地面事故等原因造成的航班不正常；非航空公司原因指由于天气、突发事件、空中交通管制、联检、机场限制以及旅客原因造成的航班延误或取消。

在旅客不正常运输情况发生时，航空公司向旅客提供的服务主要包括（以中国南方航空公司为例）：信息服务；餐饮食宿安排；客票变更；签转；退票服务；现场服务；维持秩序；航班延误补偿；地面交通服务等。

一、航班延误的处理

航班延误是指由于天气或机械故障等原因造成不能按公布的时间正常起飞的航班。航班延误或取消时，工作人员应本着快速反应协调、有效配置资源、妥善安排旅客，维护公司信誉的原则进行情况处理。

★ 信息服务

接到延误通知后，应在3分钟内通过航显、广播等方式向旅客发布航班延误信息，有预计登机时间的要广播和显示该航班预计登机时间。在值机柜台、登机口，航空公司或其代理人要向旅客告知航班延误消息；特殊情况下，在航班延误信息发布后10分钟内，航空公司及其代理人应在问询柜台、该航班登机口接受旅客问询。

★ 为旅客安排其他航班

应根据当天航班动态，为旅客安排最早离站的航班。起飞前24小时以外取消航班，一般由销售方再订座，承运人需协助旅客重新订票；起飞前24小时内取消航班，承运人规则适用于所有旅客。承运人安排旅客住宿，并在24小时内处理不正常航班。

★ 旅客签转退票服务

航班取消、延误、航程改变或不能提供原订座位时，航空公司要求旅客变更承运人时，应征得旅客及被签转承运人的同意后，方可签转；在后续航班计划登机时间20分钟前，向签转旅客公布签转信息，并协助办理相关手续；因承运人原因造成航班延误的，签转票款的差额按照"多退少不补"的原则处理；因非承运人原因造成航班延误的，签转票款的差额按照"多退少补"的原则处理，费用由旅客自行承担。

★膳宿服务

住宿安排标准：

航班延误2小时以上（含）至4小时以内，向旅客发放餐食、饮料各1份，旅客在候机楼候机，不另外安排休息地点；

航班延误4小时以上（含）至8小时以内（不累计），除发放餐食、饮料外，如在公布延误时间内确定不会起飞，在征得生产调度部门的许可及旅客的同意后，安排旅客在就近宾馆休息，但休息时间不应少于2小时；

航班延误8小时以上或过夜，应安排旅客在宾馆休息或住宿；

经济舱旅客安排在不低于三星级宾馆（或当地中等水平以上宾馆），同一航班的经济舱旅客尽量安排在同一宾馆或同一星级的宾馆休息；

明珠俱乐部金/银卡、天合联盟超级精英/精英会员旅客安排在不低于三星级宾馆（或当地中等水平以上宾馆），提供单间住宿；

对头等舱/公务舱旅客安排在四星级（含）以上（或当地同等水平）宾馆，提供单间住宿；

在旺季或遇大型会展、活动等，如受当地宾馆床位数量限制，应优先满足头等舱、公务舱旅客住宿要求。

★餐饮发放

航班延误2小时以上，如未安排旅客去宾馆，每2小时为旅客免费提供饮料一次，如遇进餐时间，应提供餐食。头等舱，公务舱在其休息室的旅客不另行提供。首次提供饮料时间，办理乘机手续的航班，不迟于原离站时间后30分钟。

★航班延误补偿标准

2010年11月1日，中国航空运输协会下发《航空运输服务质量不正常航班承运人服务和补偿规范（试行）》的文件，制定出航班延误补偿标准。

由于承运人原因造成航班延误、取消，客票的退、改、签费用由航空公司承担。

航空公司应按照延误时刻向旅客提供无偿的餐饮和休息场所。延误1-4小时以内（含4小时）的航班，及时向旅客提供餐饮。

4小时以上，则布置休息场所。在原预定航班离站时刻后4-8小时（含8小时）内成行，还向旅客提供价值300元的购票折扣、里程或其他方式的等值补偿，或是人民币200元。

在8小时过后成行的，向旅客提供价值450元购票折扣、里程或其他方式的等值补偿，或是人民币300元。

★退票服务

由于航空公司原因航班取消或延误或承运人不能提供原订座位时，旅客要求退票，可在始发站退还全部票款，均不收取退票费；

由于非航空公司原因航班延误或取消时（天气原因除外），旅客要求退票，航空公司及代理人应协助退还票款，按规定收取退票费。特种票价的客票，按购票时航空公司的票价适用条件规定办理。

二、超售处理

航班超售指航空公司销售的座位数大于航班提供的实际最大座位数。由于出票是旅客与航空公司初步确认搭乘的航班与登机时间的方式，客观上存在大量旅客不按时登机的现象，各国统计平均比例为10%。这种结果即给航空公司造成损失，也限制了一些急需旅行的旅客的出行，因此为了充分利用有限的航班座位，减少损失，增加运力，为更多的旅客服务，超售成为了世界各国航空业的国际惯例，也是各国航空公司对座位进行有效管理的手段。

航班超售后应制定出处理预案，预案内容包括：优先保证乘机的旅客名单；需要升舱的旅客名单；需要暂缓办理乘机手续人员的名单；可能发生的超售补偿的现金。并按以下方法做好工作：

1．对超售航班，严格执行值机柜台的关闭时间。航班值机关闭前，不能接收无订座记录旅客，停止接收各类职优、公务票。

2．志愿者招募：首先在值机柜台招募自愿弃乘者；登机口招募自愿弃乘者：如航班关闭时，未办值机手续的旅客意见较大，且急于立即成行时，应立即启动登机口征集自愿弃乘者的程序；已订妥该超售航班座位的旅客，如经工作人员解释说明后，能够自愿配合候补的旅客，无论是否当班成行，均可得到额外的奖励，如表9－1所示。

表9－1

座位等级	国际及地区航班	国内航班
头等舱	200元	100元
商务舱	200元	100元
普通舱	200元	100元
免票及特殊折扣票	无	无
员工及协议优惠票	无	无

造成旅客不能按原定航班成行的，应对超售后未成行的旅客进行补偿。补偿标准现在各航空公司还不统一，应根据超售客票的航空公司标准执行。例如：深航的标准是在航班截载以前来到办理乘机手续柜台，且旅行证件符合规定的旅客未能如期成行，将给予所持票面价格30%的补偿，并优先安排旅客乘坐后续航班，票款差额多退少不补。

三、航班中断或取消

★航班中断

航班中断指航班到达经停站后取消后段飞行，致使航程中断。

大多数航班中断的原因是不受航空公司控制的，其中以天气恶劣和空中交通繁忙最为常见。医疗急救和机场关闭等情况也会造成行程中断。航空公司可控制的原因通常与飞机机械方面的问题有关。在飞机落地前，向生产调度部门了解中断航班的旅客人数，有无重要旅客或特殊旅客，要做好重要旅客、特殊旅客的服务；由地面服务员引导旅客至到达厅提取行李；对将继续乘机的旅客，如需要提供膳宿服务，按航空公司原因航班延误的有关规定办理；航班中断后，旅客要求改变航程或终止旅行的，按有关规定给旅客办理退票或变更航程的手续。

★航班取消

航班取消指由于天气、机场限制、机械故障、航班计划调整等原因，航空公司决定不再执行该航班飞行计划；航班取消一般在航班规定离站之日前24小时决定；航班取消后，应锁定订座系统，停止继续售票；销售部门应及时通知已购票的旅客及其他外航销售方，并根据旅客意愿为旅客安排后续航班座位；对于销售部门未能通知到而按原定航班时间到达机场的旅客，机场地面服务保障部门应安排人员进行处理：

（1）将航班取消的信息通知旅客；

（2）根据销售部门提供的信息，耐心解释未能通知到旅客的原因；

（3）根据旅客意愿，按照有关规定为其办理客票变更或退票，客票变更和退票不收取费用；

（4）根据延误膳宿安排的有关规定为改乘旅客提供膳宿服务；

（5）根据情况，按航班延误的有关规定为旅客提供经济补偿。

四、补班

由于天气、突发事件或航空公司飞机故障、航班计划等原因，无法按原航班时刻完成运输，造成旅客在始发地滞留，确定起飞时间后于次日（或次日以后）完成航班任务，则此航班就为补班。民航总局2008年2月已取消每天凌晨2点至6点禁止航空公司运行国内客运航班的限制，在严格执行安全标准的前提下，允许航空公司及时安排补班、加班飞行，积极疏散积压和滞留旅客。

值机人员要了解补班的机型、机号、座位布局；要给补班旅客重新办理登机手续，托运行李重新过磅和安全检查。若旅客要求退票和签转航班，应按规定给予办理。

五、返航

航班返航指飞机从始发地机场出发前往目的地机场，中途返回始发地机场。

航班返航后，如起飞时间不能确定或等待时间较长，可根据生产调度部门的要求安排旅客下机等候；对返航航班的旅客，按航空公司原因航班不正常的有关规定提供服务；旅客再次登机时，必须重新复核人数。

六、备降

航班备降指飞机在执行某一地航班任务时，由于天气、航路、目的地机场限制或机械故障等原因不能降落在指定机场而改降至备降机场，航班备降，按航班过站提供服务，如备降后取消后续航班飞行，按航班中断飞行处理，国际航班在原入境点之前备降，如需在备降点办理全部旅客入境手续；应按国际到达航班办理运输手续。如继续飞行，按国内航班处理。备降航班不利用剩余载量。如中断飞行后利用剩余载量，按始发航班办理。具体处理程序为：地面服务部门在飞机落地前向生产调度部门了解航班人数，有无重要旅客或特殊服务旅客；飞机落地后接取机上业务文件；与调度部门和联检单位联系，确定旅客是否留在飞机上等候；及时了解航班信息，以便向旅客提供准确的航班动态；及时了解并尽量满足旅客的需要。当旅客下机等候时，发放过站登机牌，引导和安排旅客休息。

如有重要旅客(VVIP、VIP、CIP)、头等舱旅客、公务舱或特殊服务旅客,应派专人做好其服务工作,提供相应的休息室;确定备降航班在当地停留时间,联系配餐部门提供餐饮;如备降航班取消,请参照航空公司原因航班延误的规定向旅客提供膳宿;旅客要求改变航程或终止旅行,按有关规定给旅客办理退票或变更航程的手续;在备降航班停留期间,如需向旅客提供膳宿服务,按航空公司原因航班延误的有关规定办理;航班起飞前,载量如有变动,重新填制载重表。当旅客在机上等候时,通过机上广播通知旅客航班备降原因、预计停留时间;停留时间较长,需旅客下机休息时,如有旅客行动不便不愿下机,则应考虑留在机上休息等候。

七、误机

"误机"指旅客未按规定时间办妥乘机手续或因旅行证件不符合规定而未能乘机。

误机处理方法:

1. 误机旅客至迟应在该航班离站后的次日中午 12 时(含)以前,到乘机机场的承运人乘机登记处、承运人售票处或承运人地面服务代理人售票处办理误机确认。

2. 已办理误机确认的旅客,如要求改乘后续航班,可在上述地点或原购票地点办理变更手续,承运人应在航班有可利用座位的条件下予以办理,免收误机费一次;但持有的机票如在航班规定离站时间前 72 小时以内变更过航班、日期,旅客应交付客票价 5% 的误机费。

3. 未办理误机确认的旅客,如果要求继续旅行,应交付客票价 20% 的误机费。旅客误机变更后,如果要求再次改变航班、日期,应交付客票价 50% 的变更手续费。

4. 旅客误机或误机变更后,如果要求改变承运人,按自愿退票的规定办理,应交付客票价 50% 的误机费。如果要求退票,按自愿退票规定办理,应交付客票价 50% 的误机费。

5. 由于航空公司原因造成误机,如错开客票、提前起飞等原因,应向旅客道歉,安排最早航班成行,如果旅客要求退票,按非自愿退票处理。

八、漏乘

"漏乘"指旅客在航班始发站办理乘机手续后或在经停站过站时未搭乘上指定的航班。

★漏乘的分类

1. 过站旅客漏乘

(1)过站旅客到达经停站后,精力不集中,认为到达了目的站,下了飞机之后根本没有注意机场的标识标牌以及工作人员的提醒,直接走出候机楼,坐上班车就往市里面去了,导致漏乘。

(2)过站旅客知道自己是到经停站了,也换取了工作人员发放的过站登机牌,但是在候机隔离厅里面购物、上洗手间、看书报、睡觉等,注意力不集中,没有注意听登机广播,导致漏乘。

2. 始发旅客漏乘

(1)旅客办理完登机牌进入隔离厅之后,在错误的登机口休息等待,没有注意听登机口广播,或者在吸烟、打扑克、看书报、逛商店、用餐等,导致漏乘,这一类情况在所有漏乘旅客里面比较多。

(2)旅客本身到机场时间就很晚,已经结束办理乘机手续,机场工作人员为了给旅客提供方便给予办理,但该旅客在过安全检查和到达登机口的过程中花费了过多的时间,无法登机,造成漏乘。

(3)旅客办理完手续进入隔离厅后,登机牌丢失,需要重新补办,在补办的过程中超过了最后登机时间,无法登机,造成漏乘。

(4)机场登机口更改,广播通知了更改登机口,旅客没有注意广播通知,也没有注意听登机广播,导致漏乘。

★漏乘的处理方法

1. 由于旅客原因造成漏乘,发生在始发站,按误机有关规定处理,即旅客可办理改乘后续航班,也可以办理退票;发生在中途站,不得改乘后续航班,按旅客自动终止旅行处理,该航班未使用航段的票款不退。

2. 由于承运人原因造成漏乘,承运人应尽早安排旅客乘坐后续航班,并按航班不正常的相关规定,承担漏乘旅客等候后续航班期间的膳宿费用。

九、错乘

错乘指旅客乘坐了不是客票的适用乘机联上列明的运输地点的航班。

1. 由于旅客原因错乘飞机,在始发站发现错乘,承运人应安排错乘旅客搭乘最早的航班飞往旅客客票上的目的地,票款不补不退。在中途发现旅客错乘,应终止其旅行,承运人应尽可能安排错乘旅客搭乘最早飞往旅客客票上的目的地的直达航班,票款不补不退。

2. 由于航空公司原因造成旅客错乘,应向旅客赔礼道歉,承担错乘旅客等候后续航班期间的膳宿费用。在始发站发现错乘,承运人应安排错乘旅客搭乘最早的航班飞往旅客客票上的目的地,如旅客要求退票,不收退票费。在中途发现旅客错乘,应终止其旅行,承运人应尽可能安排错乘旅客搭乘最早飞往旅客客票上的目的地的直达航班。如旅客要求退票,按非自愿退票处理,退还自乘错地点至客票上列明的目的地票款,但在任何情况下退款总额不得超过旅客实付票款。

十、登机牌遗失

旅客登机牌遗失的处理方法:

1. 旅客在隔离区外遗失登机牌,可向值机部门的负责人或工作人员说明情况,出示机票和有效证件,重新领取登机牌。然后在值机人员确认原座位无其他旅客就坐的情况下,才能最后登机,以免造成其他旅客的错乘。

2. 旅客在隔离区内遗失登机牌,可向隔离区的值机部门负责人说明情况,出示机票和有效证件,并在登机口等候其他旅客登机完后,在确认原座位无其他旅客就坐的情况下,重新领取登机牌,加盖安检章后方能登机。

实训任务

请与你的团队成员紧密合作,在老师的指导下,应用所学到的知识,利用角色扮演的形式,模拟航班不正常时的旅客服务。

◆实训准备

组建3-5人规模的团队,建议团队中应包含男性和女性,名额以单数为好,以便处理意见分歧。

团队根据以下案例设计航班运输服务流程场景,确定小组成员扮演的角色:某航空公司UO304次航班,计划2015由香港飞往北京。由于发现飞机存在机械故障,在旅客已登机一半后,机组人员停止了旅客登机,并且请已登机旅客重新返回候机大厅。

准备实训用品。

◆实训过程

组员根据已学知识确定服务流程与服务要点。

组长为组员分配各工作岗位的具体工作。

根据工作流程模拟演练航班不正常运输的服务工作。

指导教师分小组点评并示范规范操作。

◆实训结束

小组互评。

指导教师总结。

教师和企业专家共同评分。

操作步骤

◆第一步:组员共同确定航班因机械故障导致延误的处理方法

综合比较学习各家航空公司的服务流程。

制定本次航班延误的处理流程。

◆第二步:分配各个工作岗位人员和明确具体工作内容

根据航班延误服务的核心工作,分配各个岗位的人员。

每个岗位人员明确自己的具体工作内容。

小组成员相互检查岗位的工作内容是否准确。

◆第三步:模拟本次航班延误的现场处理

团队成员2分钟讨论。

团队成员合作处理,并表演其处理程序。

◆第四步:小组互评

小组进行互评。

投票选出最佳地勤服务团队。

课后练习

1. 航班延误的主要原因有哪些?
2. 航班因航空公司原因延误的一般处理流程是什么?
3. 试比较国航、东航和海南航空处理航班延误的方法。

学习资源

◆ 文献类

[1] 阎娟. 基于旅客需求的不正常航班服务策略[J]. 民营科技, 2014, (10)。
[2] 曾婷婷. 不正常航班的机场服务管理调查. [J]. 空运商务, 2006, (6)。
[3] 史心良. 规范旅客服务标准, 做好不正常航班服务[J]. 中国民用航空, 2012, (1)。

◆ 视频类

南航客机备降兰州, http://v.youku.com/v_show/id_XNDU5Mjk3ODQw.html
航班延误背后的故事. http://v.youku.com/v_show/id_XODg2NDk5OTAw.html

◆ 案例类

MU750备降有感: 呼唤"透明"的空中, http://news.carnoc.com/list/298/298137.html
航班不正常的处置不再成为民航服务的难题, http://news.carnoc.com/list/302/302196.html

读者反馈意见

亲爱的读者：

感谢您对《机场地勤实务》的支持和热爱，为了今后为您提供更好的服务，请您抽出宝贵的时间来填写下面的意见反馈表，以便我们更好地对本教材做进一步的改进，同时如果您在使用本教材的过程中遇到了什么问题，或者有什么好的建议，也请您来信、来电告诉我们。

地址：北京市丰台区科学城南极星大厦 108 室
电话：010 – 61229894/83794403
电子邮箱：caikai6223@263.net　　QQ:649319527　1694299827

教材名称：《机场地勤实务》
个人资料：
姓名：_____　年龄：_____　所在院校/专业_____
文化程度：_____　通讯地址：_____
联系电话：_____　电子信箱：_____
您使用本书是作为：□指定教材□选用教材□辅导教材
您对封面设计的满意度：
□很满意□满意□一般□不满意□改进建议_____
您对本书印刷质量的满意度：
□很满意□满意□一般□不满意□改进建议_____
您对本书的总体满意度：
从语言质量角度看：□很满意□满意□一般□不满意
从科技含量角度看：□很满意□满意□一般□不满意
本书最令您满意的是：
□指导明确□内容充实□讲解详尽□实例丰富
您认为本书在哪些地方应进行修改？（可附页）
_____
_____

您希望本书在哪些方面可进行改进？（可附页）
_____
_____